谢平华与陈安之老师合影

谢平华与哈佛商学院
院长麦克阿瑟合影

谢平华与徐博雅老师合影

谢平华与李践老师合影

国威服饰新品牌韩尚菲

色彩一秀店铺橱窗展示

精英团队是打磨出来的

一支高绩效团队是公司成功的关键

SC&YX
色彩一秀

Qudos Bank
Arena
HSF 韩尚菲

TONY ROBBINS
FIREWAL
TRANSFORM THE QUALITY OF

色彩一秀走出国门

色彩传奇

缔造中国本土快时尚商业帝国

谢平华 著

SC&YX

财富传奇 × 财富箴言

让人生拥有一切可能

中国出版集团 東方出版中心

图书在版编目（CIP）数据

色彩传奇 / 谢平华著. -- 上海 : 东方出版中心，
2019.3
ISBN 978-7-5473-1427-2

Ⅰ. ①色… Ⅱ. ①谢… Ⅲ. ①服装企业—经营管理—
经验—中国 Ⅳ. ①F426.86

中国版本图书馆 CIP 数据核字（2019）第 022590 号

色彩传奇

出版发行：东方出版中心
地　　址：上海市仙霞路 345 号
电　　话：021-62417400
邮政编码：200336
经　　销：全国新华书店
印　　刷：北京宝丰印刷有限公司
开　　本：710mm×1000mm 1/16
字　　数：180 千字
印　　张：14.25
版　　次：2019 年 3 月第 1 版第 1 次印刷
ISBN　978-7-5473-1427-2
定　　价：49.90 元

前　言

从进入服装行业至今，已经20多年，从曾经的学徒一步一步学设计并走上创业的道路，每当回首总难免会有不少感慨。其间，创立国威服饰，建立色彩一秀品牌，无疑是我最值得骄傲和自豪的事情。

曾经，也有过出书的想法，也有不少朋友经常和我提起：你的这些经历如果不出书就浪费了。但每次想到出书，都觉得这是一个无比庄严的事情，多少人几十年如一日的磨炼自己的文笔，到最后尚不能汇聚成一本书。

但正如朋友们所说，我过往的经历，是如此独特，又如此平凡。独特的是：正是这点点滴滴之间，成就了我如今的事业，并不断促进我走向更高、更远的地方；而平凡的是：我的经历，于尘世亿万人之间，其中所有的酸甜苦辣、成功与失败、快乐与痛苦，都是没有差别的。

一方面，正因如此，我才着手将自己成长与创业的经历诉诸笔墨，以求能在这只言片语之间，为正在阅读的你提供一些可以借鉴的方法和心得，为你的成功带来帮助和鼓舞。

另一方面，国威服饰和色彩一秀品牌，在我的精心呵护之下，如今已经作为中国的快时尚行业的代表之一走出国门。在色彩一秀迅速发展壮大的同时，我的第二个品牌“韩尚菲”也已推出并受到众多业界朋友的首肯和认可。

在这一关键时刻，我通过本书将心路历程和经营心得记录下来，既是为了鼓励自己继续前进，也是为了众多已经相识的或未曾相识的朋友，于万千灯火中为他们带去一丝温暖和帮助，更是为了再一次提醒和叮嘱自己：一辈子只做一件事！一件事成就一辈子！

目录

contents

上篇

我的故事

那个渴望穿新衣服的少年

与过去相比，现在的乡村已经发生了巨变，手机、电商、网络宽带、水泥马路，基本都普及了。小时候，向远望去到处是泥土，即使偶尔进城，所看到的马路和街道也都是坑坑洼洼的泥土路，正如著名诗人臧克家的《三代》里写的：

儿子在土里洗澡，
爸爸在土里流汗，
爷爷在土里埋葬。

20世纪七八十年代，中国农村还处于半封闭状态，全家老少都在家守着几亩田地，过着“面朝黄土背朝天，割麦插秧累断腰”的日子。那时候买不起化肥，就用土杂肥来使秧苗茁壮；耕牛犁地，播下种子，跟着一年节气的变更，盼望着丰收的年景。父辈们的艰辛，父辈们的刻苦，父辈们的拼搏，给我留下了难忘的印象。

妈妈的眼睛

我家是贫困户之一——村里倒数第三。四十多平方的瓦房里，住着我们一家六口人。烧饭时燃烧柴草的浓烟熏得我们无法呼吸，呛得直流眼泪，只得跑到屋子外面去。

妈妈的眼睛本来就不好。听她讲，因为小时候得了麻疹没钱治病，落下了后遗症。更不幸的是，她嫁给我爸不久就失明了。妈妈生下我们兄弟姐妹四人，爸爸既当爹又当妈，还要做妈妈的拐杖（后来这个拐杖由我替代了），抚养我们成长，其艰辛可想而知。

妈妈会给人算命。她知道这能赚钱，就让爸爸带着她游走乡间给人算命，以此挣钱贴补家用。就这样，爸爸农忙时干农活，农闲时牵着妈妈去算命，我们兄妹几个则由外婆照看。

算命并不能挣多少钱，家里依然很清苦。每次吃饭的时候，我们兄弟姐妹四人坐在门前的土堆上，端着碗，即使非常饥饿，也没有吃下去的欲望，因为只有难吃的大白饭，没有菜和油水。看到邻居们碗里丰盛的青菜或大鱼大肉时，我们总馋得直流口水。

七岁时，我开始当妈妈的眼睛，牵着妈妈走村串户给村民们算命，由于生活所迫，我们住得比较远，有时一出去就是一个月，走到哪住到哪。那时农村人家里的床都不多，住亲戚家可以和他们一起挤着睡。投宿陌生人家时，就只能在地下铺一层稻草，上面盖上床单，主人给一床被子，就这样睡了。冬天的时候，我们常常半夜被冻醒。

那时，给人算一次命两角钱，抽签五分钱。我妈妈算命比较“灵”，因此找她算命的人也不少，所以，有时也能赚到一些钱。

记得有一年冬天，北风呼啸，异常寒冷，地上铺满了厚厚的雪花。我们来到一户人家，这户人家有三个孩子，其中一个是五六岁的小女孩，一身红衣，宛若一朵梅花绽放在我们面前。自从我们进门她就一直盯着我妈妈看，目不转睛。妈妈看不见她，但一种异样的感觉在妈妈脸上浮动。

这时女孩的妈妈走了过来，教训她说：“她是一个瞎子，你看她，她又看不见你，别呆呆地看了！”

“这个孩子是不是有点毛病？”

“是呀，你怎么知道的？”女孩的妈妈惊讶地说，“这孩子不知怎么的，自从被老王家的狗吓着之后，就开始怕陌生人了，每当家里来了陌生人，她总是一直不停地看，也不说话，我们带她到有名的大医院去看，也没查出什么毛病，医生们都说这孩子身体很健康，没什么事，估计是被狗吓着了，过一段时间就好了。但到现在都过去两个月了，还是没有恢复正常。”

“我给她算一算吧。”妈妈说。

“那太好了！”女孩的妈妈高兴道。

妈妈仔细询问了女孩的生辰八字，也摸了一下她的额头和脉搏，最后给她用了一道符，尽管大家都感到不可思议，但是后来女孩确实渐渐好了起来。女孩的妈妈因为感激，当晚主动让我们留下来，让我们睡他们家床上，并为我们准备了很多食物。

后来，每一次我们去他们村里算命，女孩的妈妈都让我们住到他们家，到现在，我们两家依然保持着联系。

那天晚上是我和妈妈睡得最香、最暖和的一晚。妈妈的名气也就此响了起来，找她算命的人多了起来。

算命这种古老的谋生手段，也会遇到激烈的竞争。

有一次，我们到一个村里给人算命。树底下人山人海，全是来找妈妈算命的。正当妈妈给人算得出神的时候，突然从人群中冲出两个面目狰狞的人，恶狼似的抢走母亲的算命签和其他算命的物品。

“你是谁？为什么抢走我们的东西？”

“我是谁？我还想问问你是谁呢！为什么抢走我们的生意？”

“大家到我们这儿来全是自愿的，怎么说抢走你们的生意呢？他们愿到谁那算就到谁那算，你们管得着吗？”

“当然管得着，你再算，我们非打死你不可！”说着其中一个男子把妈妈推倒了。

此时，我已被吓哭了，蹲在地上搀着妈妈。妈妈的算命签也被抢走了，妈妈也哭了。但随着一声悦耳的男高音，妈妈的签子又回到了我们身边，我抬头一看，是我的干爹。

“走，回我家吧，他们扬言要打你们呢。你们家离这儿远，路上怕会遇到什么不测。”

“谢谢你的好意，我姐姐就在离这不远的地方住，你把我送到我姐姐家就行了。”妈妈说。

“好！”说着，干爹把我们送到我大姨家。第二天，大姨找到大哥，让大哥把我们接回了家。

妈妈为了省钱，经常不吃饭，却总给我买一毛钱的酥油饼，我吃得津津有味，我把吃剩的最后一点递给妈妈，妈妈总是说："孩子，妈妈不饿，你吃吧，吃饱了好长个儿。"

多少年过去了，每当想起此情此景，我都会热泪盈眶。

渴望穿新衣服的少年

服装变迁史是一部活生生的历史。新中国成立初期，全国处于经济发展的起步阶段。工人、农民的社会地位得到了很大的提高，全社会流行朴素美，在穿着上讲究实用与耐用。苏联传入的色彩鲜艳的连衣裙成为当时最受女性欢迎的服饰。

20世纪60年代初期是新中国历史上最艰苦的时期，人们购买服饰的主要标准为耐磨和耐脏，灰色、黑色、蓝色成为街头的流行色。

20世纪70年代初期，服饰依然遵循着60年代的标准，但长期遭受压抑的人们，总会时不时地作出一点尝试。此时，军装、工农服装的风格，配上一条红绒线围巾，成为生活中的亮点。

1978年迎来了改革开放的春天。国外服饰式样的引入，促进了国内服饰业的极大繁荣，不仅服饰色彩多样，款式也变得多样化：牛仔裤、直筒裤、喇叭裤、夹克衫……这些新时尚陆续融入人们的生活。

进入21世纪，人们对服饰的追求更加多元化、个性化，服饰变得多姿多彩、个性张扬，世界时尚潮流随处可见。

回顾往事，从懂事起，我最大的梦想就是穿上新衣服。不仅自己穿上新衣服，也要让我的家人、我的朋友，甚至让全世界没有新衣服穿的人们都有新衣服穿。这是小时候的家庭环境给我留下的阴影，也在我心里埋下了一颗信念的种子。

家境贫困，妈妈的眼睛又不好，看不见东西，爸爸既要照顾我们，又要赚钱养家，生活很是艰难。穿新衣服简直是一种奢望。

那时，我们的衣服是邻居或亲戚家穿旧的、不穿的。实在太破了，爸爸就用针缝一缝，衣服上的补丁总是密密麻麻，失去衣服本来的样式了。因为家里穷，没有得体的衣服，经常被同学们看不起，被叫成“叫花子”。我觉得很是委屈，但又有什么办法呢？只能把委屈藏在心里，等待出头之日。

小学四年级时，我被分到与一个女孩坐在一起。以前，由于自卑，我和人说话时很少看着对方，尤其是班里的女生，每看一眼心就会怦怦直跳，怕她们说我穿得不好，像个乞丐。对于同桌这个女孩，我也是一样，总是低着头。

有一次，我碰到一个词，“波谲云诡”，不知是什么意思，当时因为买不起词典，急得我非常难受，便有了向同桌求助的想法。

“你好，万小玲，能问你一个问题吗？”我羞涩地低头问道。

“什么问题？”她也没有看我，仍旧在低头做着练习题。

“‘波谲云诡’是什么意思呀？我不懂，你能帮我解释一下吗？”

“你没有词典吗？查查不就知道了吗？”

“我没有词典。”

“给，查查吧！”说着，她从抽屉里掏出一本大词典，递给我的同时朝我看了一眼，我同样也看了她一眼。

霎时，一种自卑感涌上心头。这是由于长期处于贫困潦倒的环境中养成的不好习惯。从此，我心里便埋下了一颗种子：以后，我再也不要穿旧衣服，而且还要让更多人穿更好的衣服。

一开始由于年龄小还不知道什么是屈辱，渐渐长大后，这种异样感越来越强烈，压得我曾几度想放弃上学，最终由于忍受不了别人鄙夷的眼光，离开了学校。

家乡当时刚好有裁缝学习班，因为不上学就意味着工作，所以我也就报了一个学习班，3个月的时间，学费200元。在学习结束之后，我就开始了与服装、设计的不解之缘。那一年，我16岁，和家乡几个同伴，一起去往晋江。

从晋江到杭州：拼搏是青春最美的色彩

从江西南昌出发，往东南方向600多公里就是晋江。它是福建省下辖县级市，雅称“刺桐”“瑞桐”“泉安”，是闽南金三角的核心，素有“泉南佛国”“海滨邹鲁”的美誉。近年来，晋江成为福建省综合实力最强的县市，也是中国经济最发达的县市之一。

晋江改革开放以来的发展，形成了“晋江经验”，正如习近平总书记所言：“晋江经验是晋江人民对有中国特色社会主义发展道路的大胆探索和成功实践。”到2017年，晋江市工业总产值达4 809.98亿元。

从新中国成立到现在，一批又一批内陆人涌入这里，怀着对美好生活的向往来这里打拼，进企业，建高楼，赚钱养家糊口，同时也把这里建设成为繁华的都市。

我性格比较独立，只想靠自己做出一番事业，17岁不到便来到晋江。刚开始由于年龄小，什么都不懂，应聘了许多服装公司，都落选了。但是我并没有气馁，一直都在努力找工作，就这样找了两个多月，还是没有找到合适的工作，最后不得已，只好去找堂哥，到他所在的一家服装贸易公司工作。

说是工作，其实是当学徒。因为我的一个梦想、一个信念——要穿新衣服，我坚持了下来。此时，我已步入社会，但身上的衣服还是别人穿过的……

虽说是外贸公司，但公司不是很大，大约有200人。刚开始什么都不会，要从最底层的学徒做起。当时使用的工具是缝纫机，操作起来比较简单，很容易就学会了。

那时公司只管吃，工资也比较低。因为租不起房子，便住在工厂宿舍里。虽然管吃，伙食却只有米饭和一点青菜，一星期也难得吃到一点肉。虽然跟家里相比，伙食改善了一些，但因为量少，经常吃不饱。那时经常会感叹：还是家里好呀，虽然吃得不好，但总能吃饱。

那时的工资是计件的，做得多赚得多，为了多赚点钱，我们经常加班到很晚才回宿舍。

因为没有钱，吃得不好，干活时间又长，很辛苦，和我一起来的同村的伙伴陆陆续续都离开了：有的干了一个月，有的干了两星期，有的甚至只干了三四天，只有我坚持了大半年。因为我知道，自己一无所有，没有钱，没有技术，没有新衣服，能找到一份提供住宿的工作对我来说已经是很大的安慰了。我更认识到，正因为我一无所有，我要努力，我要学习，我要实现我的梦想！

让我留下的，还有一个人，是她一直在默默地鼓励着我。

那是我到这公司的第二天，由于刚接触服装行业，我的班长便让一位师傅来教我操作缝纫机。

时值清秋，外面的世界被秋叶染成了黄色。她如一朵雪莲花绽放在我面前，把我的眼睛照得透亮。她大约和我一样大，也应该是十五六岁吧，整体上给人的印象非常好。

“她就是你师傅，你以后要听她的话，好好练习，给你十天时间，要学会使用缝纫机，会看基本的图纸，学不会你也就别干了。”班长严肃地对我说。

“好，一定！”我爽快地答应了，心中的喜悦油然而生。

“你要好好教他，十天他学不会，当师傅的也要负责任。”

“好！”女孩爽快地说。

班长离开后，女孩开始对我传授技艺。

“我们每天发货量大，做衣服要求既快又好，我们不需要掌握太多的技术，而是要把每个技术学会、学精，要学以致用。今天我先教你踩踏缝纫机。踩踏缝纫机也是一项技术，既要会控制机器的转速也要会控制它的旋转方向，是顺时针就是顺时针，是逆时针就是逆时针，不能搞混了。来，看我示范。”

说着，女孩坐在机器旁，把脚踏在缝纫机的踏板上，先转了一个顺时针的，再转了一个逆时针的，控制有度，收放自如，不愧是一位好师傅。

“踩踏过程中不要停，一直踩下去，这样才能保持同一方向，来，你试试。”

自此，我每天早早来到车间，趁早练习，刻苦训练，不到两天，便学会了踩踏缝纫机的操作。

紧接着她又教我怎么用缝纫机缝衣服。

“把线穿在针孔后，一开始不熟练时，双手要各拉一端紧紧拉住衣服的豁口处，让机器压住豁口，进而走线。刚开始要双手操作，等你熟练了才可以单手操作。”

“好的！”

说着，我便按照她说的做了起来，先穿上线，再把要缝的衣服豁口合上，然后压住，随后用手拨了一下驱动轮，机器在我的踩踏下顺利转动起来。

“好，就这样，非常好。”

不久，我又学了看图纸，服装厂的各项工作都熟悉起来，工作更加得心应手……这是我人生中最快乐的一段时光。很多年之后，每当想起她就会忆起那段难忘的时光。

服装之都杭州的第一笔工资

任何种子破土而出的时候，都不会去想遇到的是风雨还是阳光。生活也一样，做任何事不要去设想结局，只有做了才会知道下一步是什么，重点是迈出第一步。在晋江虽然有师傅传授技艺，但我的梦想远不止成为一名操作工，半年后，我便依依不舍地离开了。

离别时，我给师傅买了一件名牌衬衫，借以表达对她的敬意。钱是堂哥给我的，当时买了两件，自己一件，师傅一件。迈进服装店的那一刹那，我内心十分复杂。那个渴望穿新衣服的少年，现在是青年了，终于穿上新衣服了，虽说只有一件，但鲜艳的色彩、精巧的设计、柔和的面料、舒适的穿着体验，给我一种非凡的享受。穿上之后，感觉整个人焕然一新、精神抖擞。

我流泪了。这是难忘的泪、非同寻常的泪。我终于向多年的梦想迈进了一小步，这是值得庆祝的时刻。有了这一小步的成功，就有了迈出一大步的勇气和斗志——开服装店，自己当老板，让全世界没有新衣服穿的人都有新衣服穿，都能做一个美丽、阳光、自信的人，提升品位、升华精神，使他们有目标、有志气、有干劲。

不久之后，我便慕名来到服装之都——杭州。刚开始时，我只能到工地当小工，跟师傅们搬砖、铲灰，干些简单的体力活。干活的百来号人，几乎都是我们村附近的年轻人，因为都没有什么文化，也没有可以进工厂的技术，只好在这里干体力活。

但我和他们不同，我心中一直有个梦想，因此，一边在工地当小工，一边利用闲暇时间到职业介绍中心找自己喜欢的服装工作。不久，便遇到一家正在大量招工的服装厂。我兴奋地缴了报名费，应聘到服装厂去上班。

进厂的第一天我便傻了眼，这儿不是缝纫机，而是电车，看着陌生的机器，我无从下手，最后因为不会操作而被淘汰。

这是我有生以来第一次见到电车，从此找工作便谨慎了，先问清会操作缝纫机的要不要。经过多方打听、屡次碰壁后，终于在职业介绍中心问到一家要操作缝纫机的服装厂。于是花了20元中介费，进了这家公司。

与其说这是公司，倒不如说是一个家庭式作坊。因为大企业都是用电车在加工衣服，那样更快更好。一台电车需要一大笔钱，一般的小厂家、小作坊只能买一两台，大部分还是用缝纫机。因此，像我这样不会电车的工人只能在小作坊里找到生存空间。

这家服装作坊在建国北路，厂房是一个老式天井房，还是好几家一起租用的；包括我，只有8个工人。每天一大早，老板去买面料，做好衣服后，再拿到附近的红太阳服装批发市场去销售。

之前面试屡次碰壁得出的经验教训让我知道，要想进入大一点的服装企业，必须先会操作电车。因为这家作坊也有一台电车，操作电车的是位阿姨。每天，我一干完手中的活儿，就请求她教我学电车，但这位阿姨对我爱理不理。

我每次对她说“阿姨，教教我吧！”或买瓶饮料放在她面前，她总是哭丧着脸，好像谁欠她钱似的。

不久，这位阿姨便因嫌弃老板开的工资低辞职了。阿姨离职一周后，一个年轻的女孩坐到了电车旁边，她一头利索的短发，一双明亮的大眼睛，令人印象深刻。

我做完了手里的活计，就来到女孩面前。因为穿上新衣服，我也变得大胆起来，不那么害羞和自卑了，一开始便引出话题道：“你好，你叫什么名字呀？我叫谢平华，很高兴认识你！”说出这样的话，我对自己都感到诧异。

“我叫王梦楠，刚来到这里，以后还请多多指教。”女孩爽快地应答道，脸上露出微笑。

“哪里哪里，你都会电车了，我还不会呢，能教教我吗？”

“我也不是很熟，大家相互学习啊！”

“谦虚了不是，我一点都不会呢。”

“呵呵，共同学习吧。”

“我应该叫你王师傅吧？”

“呵呵，好吧！”

“王师傅，手里的活忙完了吗？”

“完了。”

“现在教我吧。”求知的欲望使我急不可耐。

“电动缝纫机速度快慢是受踩踏的力量大小控制的，控制正转和停车的训练是这样的：先不上皮带空踩；基本熟悉后，上皮带，旋松机头上轮外侧的大螺母，放下压脚，这时踩动踏板，安装正常的缝纫机应该上轮空转；找到感觉，能够自如控制正转和停车后，旋紧上轮螺母，抬起压脚，不穿线训练；最后就可以进入实战了……你应该能听得懂，因为我的活儿比较多，没时间手把手教你，你慢慢琢磨、领悟吧。”

“嗯，好的。”

“总之，简单来说就是要会控制正转和停车，这需要你自己练习一段时间，在进入实战的时候一定要小心，防止针扎手，这种事故对于初学者来说是常常发生的，所以，你一定要小心。”

“嗯，谢谢！”

“呵呵，别客气，你可以利用闲暇时间练习，踩电车关键在于熟能生巧，熟练了一切就好办了。”

“我能现在试试吗？”

“好呀，一定要按照我说的做。”

“好。”说着，我便坐在电车旁，摘掉皮带，练习空踩。由于以前会缝纫机，所以很快便掌握了控制空转和停车的技巧。

师傅也说了句鼓励我的话，我也愈战愈勇，便穿针引线进入实战状态了。

转眼过了一个月，到发工资的时间了，我发了400元，这可是我人生中的“第一桶金”。我格外珍惜，当即存了380元到银行，只留了20元生活费。当时流行 BP 机，和家人通讯联系很方便，而我没有买。其实我也很想家，很想给妈妈打个电话。但因为当时有公用电话，两毛钱一分钟，我便利用公用电话第一时间把发工资的事告诉了妈妈，我听到电话那头母亲含泪的教诲：“儿呀，好好干，好好挣钱，别乱花。”

我的眼睛湿润了。

西湖边上的生意经

夏天是服装的淡季，作坊放假，因此，我便有更多的时间和师傅游玩。

在杭州，西湖当然是最好的旅游景点了。辽阔的湖水，葱绿的杨柳，高高的雷峰塔掩映在青山碧水之间，真是此景只应天上有，美丽至极。

因为是夏季，游玩令人饥渴交加。买水的时候，不由得吃了一惊：一瓶矿泉水居然要三块钱！平时街边的小店才卖一块钱。看看卖水的商贩，大都提个篮子，篮子里装着几瓶水。

"三块钱，那么贵？"趁师傅不在跟前，我和卖水的人讨价还价。

"这还算便宜的呢，你到山顶上得五块钱一瓶呢！"

"太贵了。"

"不喝了？"

"喝！怎么不喝？给我拿两瓶。"

我愤愤不平地买了两瓶水，心里闷闷不乐。这种心情一直延续到晚上。

睡觉时我辗转反侧："既然别人卖水都能赚钱，我为什么不能卖呢？"有了这个想法，第二天便从湖滨路的一个离山脚两公里左右的超市买了两箱水，从那里直接拿到西湖去卖。美丽的景色吸引了形形色色的人们，也有许多人光顾着我的生意。在西湖边的山脚下，两箱水，不到一小时便卖光了，一下子赚了一百多元，相当于我一周的工资。我兴奋了，干得更起劲了，于是又到批发市场批发了更多箱水，再回到西湖边上兜售。那一天，我赚了两百多元！那种发财的感觉美得我想在西湖边上大声喊叫！

从此，我天天来这儿卖水。每天都能卖一两百元。随着生意的火爆，许多人似乎也看到了这个商机，都纷纷效仿。一时间，提篮子卖水的人也变成了西湖景区的一道风景线。

卖水的人越来越多，阻碍了交通，景区保安开始对我们进行限制。有一次，我提着满满一篮水，来到一条游客的必经之路上，此时是中午，天气很热，许多游客如鱼儿见到水一样立即兴奋起来，都争先恐后地来买，由于路比较窄，一时间造成路面拥堵，许多人开始怨声载道：

"快走呀！"

"能不能让人走了？"

"快，热死了。"

游客的抱怨声引来了保安。

"不许在这儿卖水，影响交通。"

"我……我这就走。"

"别卖了，再卖我就把你的东西收走并罚钱。"

"好，我不卖了。"我说着便往回走。

我的心阴沉了下来，这么大的商机就这样被毁了吗？我不甘心，躺在床上一夜未睡。

第二天我便试着爬到山顶，看看山顶有没有保安在巡视。到了山顶，果然清净了许多，都是游客，不见一个穿制服的保安，我便有了新想法。这是一个令人满意的想法。我来到商场，买了一个大大的电脑包，包里能装20多瓶水，我便装扮成游客的样子，把水装进封闭的电脑包里爬上山。来到山上，游客渐渐稀少了，但仍挡不住他们购水的热潮。当我把水从包里掏出的时候，一对情侣迎面走了过来。

“矿泉水多少钱一瓶？”

“5元。”

“那么贵？”男孩有点犹豫了。

“我想喝。”女孩做出娇羞的表情。

“好吧，拿两瓶。”男孩为了彰显自己的大方，也不犹豫了。

我接过10元钱，一瓶水赚了4块多钱，果然是个好商机。我不由得又兴奋起来。山上游客虽少，但价格却是1.5倍多，照样能赚钱。由于山很高，每次卖完一包水，要下来再取，很是疲惫。但想到有钱赚，我还是乐开了花。

卖水赚钱，锻炼了我的头脑，也锻炼了我的身体，顺便欣赏了西湖美景，真是一举多得。这件事我做了两年，后来因为山上新建了一个冷饮店，特别豪华，像别墅似的，所以，卖水的生涯也就此终止了。这两年的两个暑假，我赚了6万多元，是我那时打工十年的工资，因此是一笔巨大的财富。我也给自己配备了一台当时最高档的BP机，引来同事艳羡的目光。

此时，当我想认真去追求师傅，将她变成女朋友时，却遇到了意想不到的“无言的结局”。

那天，我请她到肯德基店，点了两份炸鸡，两杯饮料，但金黄的炸鸡，大大的桶，馨香的热饮并没有给这个环境带来浪漫与温馨。

她边喝饮料边对我说：“以后你不要再找我了，我有男朋友了。但我还是会把你当作普通朋友一样看待的。”

“这是为什么？难道我对你不够好？”

“不是，你对我很好，你是一个很勤奋很会爱人的人，但有时我需要的你满足不了，女人不怕没有吃的，不怕没有新衣服穿，也不怕生活不如别人。你知道我们怕什么吗？我们怕寂寞！你知道我老家是安徽的，离这儿很远，今年刚到杭州，人生地不熟，每当夜深人静的时候、周末的时候、放假休息的时候，十分孤单，那时候真希望有个伴说话呀！可是你从早忙到晚，都在西湖边上卖水，忙得不亦乐乎，我知道你不寂寞，可我寂寞呀！你明白我吗？今年暑假我认识了一个男生，他虽然没有多少钱，但能天天陪我聊天，排解我内心的抑郁。”

“那个人给你的，我同样会给你，我现在就给你，只要你说，你还爱我。”

“迟了，已经太迟了……”

我沉默了，陷入无尽的伤痛之中，久久不能自拔。

当别人放弃的时候，只有我还在努力……

内心悲痛，虽然有钱了。但对我来说，这种悲痛只是暂时的，是不能摧毁我的意志，湮没我的灵魂的。

因为怕与师傅见面，不久我便辞职，到四季青服装市场旁边找了一个新作坊。四季青服装市场，是中国最具影响力的服装一级批发与流通市场之一，创办于1989年10月，位于杭州杭海路。市场建筑面积50 000平方米，拥有营业房3 000间，配套有物流中心、大型电子屏幕信息发布中心、银行等商务机构，以及餐厅、医疗站、图书室等服务机构。到现在为止，四季青服装市场的组成有：意法服饰城、老市场、九天国际、四季星座、新杭派、保太和、之江女装、一号基地、四季钱塘、置地国际、好四季箱包城、滨江女装市场……

这个新作坊，规模稍微大一些，有20多人。这儿的地下室是车间，一楼是裁切间，二楼老板住，三、四楼是宿舍。老板是温州人，老板娘是设计师。可能是生意不错，我的工资也涨到600元一个月。

我很崇拜温州人，因为他们很能吃苦，有生意头脑，还比较团结。

因为是小作坊，老板既参与生产，又忙于销售管理，很是辛苦。旺季的时候，每天上班都是通宵，从第一天下午做到第二天早上6点，睡到中午起床，最多休息5个小时。而在我们休息的时候，老板娘已经在挑衣服款式了，看看安排哪种款式生产。老板忙着销售，早早把货拿到四季青服装市场，由于那些年是杭派服装流行旺季，每天上午不到10点，我们做的衣服便销售一空，老板售完衣服就忙着采购原料，照顾生产，一直忙到很晚，有时我们都睡了，他们都还在车间里。

服装生意这么好做，不如我也创业去。但我的一位同事却郑重其事地说："要想创业，硬件必须得强大起来，要懂设计才能创业。如果你不懂如何设计服装，不了解款式，看不出样式的好与坏，是不能创业的。你才刚做半年，许多东西你是不了解的，至少再需要做两年，才可能摸清里面的门道，好好干吧！"

同事的分析不无道理。我便下了决心，至少要在这个作坊干两年，把所有的服装知识都学会。

由于衣服卖得好，订单多，我们的工作量也大，遇到旺季，每天都工作十几个小时，早上6点下班，中午11点半起床吃饭，12点上班。和我一起来的4个老乡，其中一个干了不到一星期便嫌累不干了。另外一个被其他公司以800元一个月挖走了，但不久，那个公司放假了，这位老乡也因此失去工作而回家了。第三位干了不到一个月也走了，最后一位干了两个月，因嫌工资低，也选择了离职，只有我一个人坚持了下来，因为我有梦想。我相信，只要有梦想，就有实现的动力；只要有实现的动力，离实现梦想就不远了。

因为我会电车，又会看图纸，所以和老板娘打交道的时候比较多，她对我也比较关心，可以说拿我像对待自己家孩子一样，经常教我一些设计知识。有时周末还会让我到楼上与他们一家人一起吃饭。

因为之前卖水赚到一大笔钱，在这作坊里挣的也不少，这时我变得时尚起来，穿最流行的衣服，做最好的发型，也认识了一位很好的朋友。

她是设计助理，刚来的时候，就给我留下了很好的印象。

这天，我正在老板娘的办公室看图纸，挑选新款，准备生产。突然一位长相温婉的女孩出现在我们面前。因为是春天，她身着简约而时尚的春装，上身粉色外套，下身蓝色牛仔裤，背着一个红色单肩包，大约20岁，戴着一副粉色金丝眼镜。

老板走过来说："这是我招的设计助理，以后你就帮助她吧。"当然，这些话是对设计师说的。

"好的。"女孩的小嘴蹦出两个字，非常坚定有力。

但女孩的到来对我是个打击，老板娘说："你以后就专心做衣服吧，这里的事就交给她（设计助理）做吧。"

"好的……"

从此，跟老板娘选款、看图纸和工人交接的事就由这位女孩来做了，我也就失去了学习设计的机会。

我"恨"她，但更感激她，因为她的到来、她的鼓励和支持，让我在那一段岁月，多了一份更加坚定追求自己梦想的力量。

不久的一天，老板娘有事要外出，临走前告诉她哪些款可以生产。由于她看图纸还不熟，只听老板娘说让她生产几种新款式，但是到底什么款式，怎么生产，她却一无所知。

她便拿着图纸来到我面前。

“你能帮我看看这几张图，这几种款式怎么生产吗？”女孩柔声细语，如丝丝清泉。

“我看看。”我连忙停下手中的活，“哦，这是红色的L号的T恤，这是白色M号的连衣裙，这是S号的黑色裤子。”

“嗯，嗯，你能说说各个部位的具体尺寸吗？我刚大学毕业，对这不太懂。”

“嗯，好。”说着，我们来到设计室，我详细地把连衣裙的腰围，T恤的领号，裤子的长度等衣服详细的数字标号一五一十地告诉了她。我们研究了近一个小时，后面负责生产的师傅此时已迫不及待。

“到底是多少？快点！做不完又得加班了！”

“今天你耽误我们这么长时间，得请我们吃饭呀！”

一连串催促的声音在小小作坊间喧嚷着。

“好了，就好了！”我忙说道，“刚毕业的大学生，不太懂，请大家多多谅解！”

“不懂怎么干？还不如做车位去。”

“人家是小女孩，说话请注意一下！”

“小女孩是人，我们不是人，我偏这么说，不会干，滚蛋，别耽误我们的时间。”

女孩哭了，呜呜咽咽……

“别说了！大家都相互体谅一下，晚上我请大家吃饭。”

“你说的，可要当真呀！”

“君子一言，驷马难追！”

大家终于闭口了，女孩心情也平复下来。

“谢谢你，帮我解围。”

“应该的，别生气，这些人都没上过学，没什么文化，都是粗人，你别往心里去。”

“嗯，你真要请他们吃饭呀！”

“对呀，你也一起吧！”

“这可要花不少钱呢？”

“没事，我以前在西湖山上卖水，赚了一点钱，够吃的，大家认识也是一种缘分。”

“我和你差不多的年龄，到现在还在花家里的钱呢。”

“女孩子不需要太拼，到时候嫁个好老公就行了。”

“我可不想依赖别人，我想靠自己，即使嫁人了我也要自食其力。”我被女孩坚强的言辞感动了，给她点了一个大大的“赞”。

从此以后，每次女孩有心事有困难她都会向我求助，作为朋友，我也给了她不少帮助。

就这样，在这个作坊近两年的工作期间，因为多了这样一个无所不谈的好朋友，因为多了一份鼓励和肯定，我继续坚定地朝着我的梦想，一步一步前进。

学海无涯苦作舟

在四季青这个新作坊工作期间，友人的陪伴、稳定的收入给了我不小的动力和一丝安逸。但我并没有心思享受这份安逸，因为我还有更大的目标——我要当老板。当懂设计的老板娘对我说，要懂设计才可以创业，我便有了学设计的想法。其间也到处找这方面的工作，但由于我不是科班出身，没有设计的基础，没有老板要我。

不久，公司又来了一位同事，是老板娘直接招过来做设计的，他科班出身（北京某服装学院毕业的），并且有几个月的助理经验。他姓牛，我们常叫他牛哥。

牛哥为人非常随和，人品很好，虽然是职位高人一等的设计师，但一点架子也没有，有时他亲手教一线工人怎么看图纸，款式怎么做更新颖。

由于我和老板关系很熟，老板也很器重我，我也帮助他做一些杂务事，比如，帮忙打包、装车，有时在休息日陪老板到四季青服装市场卖衣服，因此，我经常最早上班，最晚下班，甚是忙碌。

有一次晚上，下班了，大部分同事都走了，只剩下我还在忙着打包，准备第二天老板要去卖的衣服。空旷的作坊内灯光显得有一点惨白，四下无声，一片寂静，只有我劳作的窸窣声。腰酸了，我下意识地直起身子伸伸腰，这时我看见设计室的门没关，屋里还亮着灯。

平时这个时间早该关门了，为什么今天关门那么晚，难道屋里还有人？我好奇地走进一看，果然，牛哥还在专心致志地设计着图稿，我没有打搅他，便又回到自己的工作岗位上，继续打包，待我全部打包完的时候，牛哥也忙完了："小谢，又在加班呀？"

"帮老板打包一些衣服，明天他好拿出去卖。"

"没吃饭吧？走，我们一起吃夜宵去！"

"好吧，不过这次得我请客，老是让你掏钱，我们都不好意思。"

"客气什么？再说，我的工资比你们的高。"

"那太不好意思了。"

说着，我们下了楼，来到大街上。繁华的街上闪烁着霓虹，很是美丽，街边有许多美食店，我们找了一家便进去了。

"工作辛苦吧？"他关切地问道。

"还行。"

"不过，光像你这样蛮干是没有前途的，你要有更长远的打算才行，说说吧，未来有什么规划？"

"不瞒你说，牛哥，我想自己创业，自己开服装公司，自己当老板，所以，我想学一学公司的基本运作方式。"

"自己创业光干这些是不够的，要懂设计才行，因为服装老板不仅要会管理公司，管理员工，还必须得会服装设计的知识，要会选款，要能一眼看出哪种是流行的款式，哪些服装设计得好，能卖出好价钱，并且自己要会设计服装。这样才能把握时尚的脉搏，把不流行的款式改为流行的款式，这一点很重要。"

"是呀，我也一直在寻找这方面的工作，但因为我没上过大学，基础差，面试了好几家公司都被刷下来了。"

“我有个朋友，也是我的老师，他是 ×× 服装公司的资深设计师，我们关系非常好，以前我在他那里当设计助理的时候，他经常照顾我，我可以将你引荐给他。”

“真的吗？”我高兴地说。

“是呀！不过他不喜欢懒散的人，我看你挺勤劳的，又很诚实、踏实，他一定会喜欢你的，我明天就打电话给他，你到他那边学习，他很严厉，但你能很快学到真本事。”

“太谢谢了。”

“不要客气，大家都是打工的，应该互相关照才是。”

在牛哥的引荐下，我来到这家公司，拜师在这位严厉而负责的设计师麾下。设计师是位30岁不到的青年女子，刚到第一天，我便被她的威严和犀利感化了。

“你为什么要学设计？”

“因为我对服装很感兴趣，以后也打算在服装行业发展，我想让全天下的人都能穿上我设计制作的衣服。”

“回答得很好！你这个徒弟我教定了！”

“谢谢师傅！”

上班第一天，她便教我看图纸，研究图样，说各个图样的设计特点，设计要点及设计要注意的问题。由于这些知识我以前学过，所以师傅一点我便领悟了。

时间安排得很紧凑，第二天，便教我绘制基本的图样，先从简单的短裤画起，她讲到不同人腰围和裆部深度的比例关系，由于没上过专业课，我对绘图很不在行。

于是我便刻苦学习基本的画图知识，从最简单的方形、三角形、圆形画起，每天早晨四五点便起床，趁着天没亮，工友们还在休息的时候，在桌上点一支蜡烛，静静地画。经过师傅的建议，我买了许多几何方面的书籍，天天研习，经过几个月的不眠之夜，终于把画图的基本知识、专业技巧研究熟练了。

不久，我便画出了第一张属于自己风格的短裤设计图，师傅满意地笑了："好样的，勤能补拙是良训，一分辛苦一分收获呀！"

"谢谢师傅的夸奖。"

紧接着，我又画起了T恤，掌握了绘图的基本知识，画得就简单多了——经过四个月的练习，我已经掌握了从春装、夏装、秋装到冬装全部衣服的绘制方法，可以画衬衫、长裤，甚至羽绒服。

看到我在这么短的时间内掌握这些基本的绘制服装图样的方法，师傅的脸上也只是浮现出一丝微笑，她又严肃起来："你现在只是掌握了绘制服装图样的基本方法，基础是掌握了，但与设计还有一段距离，设计是建立在绘图基础上的更高一层的技术，需要个人的灵感与创新。所以，还要继续努力。"

"好！只要能学会服装设计，吃再多的苦我都不怕。"

"好！从现在起，我就教你知道当今社会所有服装的艺术风格。"

接着师傅跟我娓娓道来：服装风格指一个时代、一个民族、一个流派或一个人的服装在形式和内容方面所显示出来的价值取向、内在品格和艺术特色。服装设计追求的境界，说到底是风格的定位和设计，服装风格表现了设计师独特的创作思想、艺术追求，也反映了鲜明的时代特色。

如今，服装款式千变万化，形成了许多不同的风格，有的具有历史渊源、有的具有地域渊源、有的具有文化渊源，适合不同的穿着场所、不同的穿着群体、不同的穿着方式，展现出不同的个性魅力。

具体服装风格包括：百搭、嘻皮、瑞丽、学院、淑女、韩版、通勤、OL、中性、欧美、嘻哈、田园、朋克、洛丽塔、街头、简约、波西米亚、森林系等十八种。

百搭风格。百搭一般为单品，可以搭配各种衣服，是很实用的单件服饰，一般都是比较基本的、经典的样式或颜色。如纯色系服装、牛仔裤等。

嘻皮风格。从细节上看，繁复的印花、圆形的口袋、细致的腰部缝合线、粗糙的毛边、珠宝的配饰等都将成为个性化穿着的表达方式；从颜色上看，暖色调里的红色、黄色和橘色，冷色调里的绿色和蓝色都将大热；从款式上看，为了展示身体曲线的美感，女式紧身服采用轻薄又易于穿着的面料，而男式衬衫甚至外套广受异域风情的影响，把夏威夷海滩风情穿进办公室也不奇怪。

瑞丽风格。“可爱先锋”主要受众是青年学生；“伊人风尚”主要受众是年轻白领；而“服饰美容”大家都可以穿。但总体说来，瑞丽的主要风格还是以甜美优雅深入人心，它们的专属模特桥本丽香就是最好的诠释。

学院风格。也许身处校园生活的你，总是想方设法找机会把自己打扮得性感成熟，但只要一踏出校门，很快你就会重新迷恋简单却又充满理性的学院派风格，如针织帽、藏青裙、条纹衫、白衬衫……

淑女风格。自然清新、优雅怡人是淑女风格的概括。蕾丝与褶边是柔美新淑女风格的两大时尚标志。

韩版风格。韩装舍弃了简单的色调堆砌，而是通过特别的明暗对比来彰显品位。服装的设计者通过面料的质感与对比，加上款式的丰富变化来强调冲击力，那种浓艳的、繁复的、表面的东西被精致的甚至有点羞涩的展现取而代之，简洁得连口袋都省了的长裤、不规则的衣裙下摆、极具风情的褶褶花边都在表白它的美丽与流行。最典型的韩装就是那种淡淡的、纯度很高的色彩，面料精致，贴身剪裁，做工精细，特别是上身部分裁剪精致贴身。

通勤风格。通勤与OL最大的区别是，通勤更具有休闲风格，是时尚白领的半休闲主义服装。休闲已成为这个时代不可忽视的主题。它不仅是度假时的装束，而且会出现在职场和派对上。人们宽容地接纳了平底鞋、宽松长裤、针织套衫，因为这些服饰让穿着者看上去温和，更加自然。其做工精致，重点在于打造干练、简洁、清爽的形象。

OL风格。OL是英文office lady的缩写，通常指上班族女性，OL时装多数是指套裙，很适合办公室穿着。

中性风格。中性服装属于非主流的另类服装，随着社会、政治、经济、科学的发展，人类寻求一种毫无矫饰的个性美，性别不再是设计师考虑的全部因素，介于两性之间的中性服装成为街头一道独特的风景。中性服装以其简约的造型满足女性在社会竞争中的自信，以简约的风格使男性享受时尚的愉悦。

欧美风格。主张大气、简洁，面料自然，比较随意、简约，搭配感和设计感强。

嘻哈风格。虽然说嘻哈很自由，但还是有些明确的标准，如宽松的上衣和裤子、帽子、头巾或胖胖的鞋子。美国是嘻哈发源地，嘻哈非常生活化，对品牌没什么要求，主要就是穿得宽松简单，可是却强烈要求个人风格。嘻哈的穿着风格一直在转变。以当前纽约流行来说，宽松依旧，但不过于松垮。要穿得好看、简单、干净，鞋子不管是球鞋、任务靴或休闲鞋，一定要干净，才能呈现质感。

田园风格。田园风格的设计，是追求一种不要任何虚饰的、原始的、纯朴自然的美。现代工业污染对自然环境的破坏、繁华城市的嘈杂和拥挤以及高节奏生活给人们带来的紧张繁忙、社会上的激烈竞争，都给人们造成种种精神压力。田园风格的设计特点，是崇尚自然而反对虚假的华丽、繁琐的装饰和雕琢的美。它摒弃了经典的艺术传统，追求古代田园般自然清新的气象，在情趣上不是表现强光重彩的华美，而是纯净自然的朴素，以明快清新、具有乡土风味为主要特征，以自然随意的款式、朴素的色彩表现一种轻松恬淡、超凡脱俗的情趣。纯棉质地、小方格、均匀条纹、碎花图案、棉质花边等都是田园风格中最常见的元素。

朋克风格。早期朋克的典型装扮是用发胶胶起头发，穿一条窄身牛仔裤，加上一件不扣纽的白衬衣，再戴上一个连着耳机别在腰间的随身听，耳朵里听着朋克音乐。进入20世纪90年代以后，时装界出现了后朋克风潮，它的主要标志是鲜艳、破烂、简洁、金属。

洛丽塔风格。西方人说的“洛丽塔”女孩是指那些穿着超短裙、化着成熟妆容但又留着少女刘海的女生，简单来说就是“少女强穿女郎装”的情况。但是当“洛丽塔”流传到了日本，日本人就将其当成天真可爱少女的代名词，统一将14岁以下的女孩称为“洛丽塔代”，而且态度变成“女郎强穿少女装”，即成熟女人对青涩的向往。

街头风格。街头服饰一般来说是宽松得近乎夸张的T恤和裤子，很多人喜欢包头巾，另一种典型的服饰是篮球服和运动鞋，也以宽松为标准。

简约风格。廓型是设计的第一要素，既要考虑其本身的比例、节奏和平衡，又要考虑与人体的理想形象的协调关系。这种精心设计的廓型常常需要精致的材料来表现，通过精确的结构（板型）和精致的工艺来完成。

波西米亚风格。波西米亚风格的服装是波西米亚精神的产物。波西米亚风格的服装并不是单纯指波西米亚当地人的民族服装，服装的“外貌”也不局限于波西米亚的民族服装和吉普赛风格的服装。它是一种以捷克共和国各民族服装为主的、融合了多民族风格的现代多元文化的产物。

此类风格的典型表现为层层叠叠的花边，无领袒肩的宽松上衣、大朵的印花、手工的花边和细绳结、皮质的流苏、纷乱的珠串装饰、还有波浪乱发；其用色是以撞色取得效果，如宝蓝与金咖，中灰与粉红……比例不均衡；剪裁有哥特式的繁复，注重领口和腰部设计。

森林系风格。日本东京是时尚重镇，每隔一阵子就会出现新名词，继“败犬女”“草食男”之后，最近又多了一个新兴的族群，叫做“森林系女孩”（日语：森ガール，简称“森女”），泛指气质温柔、喜欢穿质地舒适的服饰且崇尚自然的女生，“森女”的平均年龄在20岁左右，不崇尚名牌，穿着质地舒适的棉质服饰，颜色也以大地色和暖色系为主，因有如从森林中走出而得名。

森林系女孩的特征在于不喜欢盲目追求时下的流行时尚，喜欢民族风格的服饰，习惯随身携带相机，并推崇返璞归真的生活模式，这样一股清新的气息在日本社会中自成一格，也意外地掀起了一波热潮。向往慢生活的森林系女孩，无论是打扮或是生活态度，俨然成为日本年轻女孩追求的新典范。

那天，师傅一口气讲解了很多服装风格特点，我用了半年的时间通过读书、查资料才完全弄明白它们的艺术风格、设计特点、绘制技巧。

一个人的成功首先就是选对行业，接下云就是坚持和努力，比努力更重要的就是找对师傅，一位好的师傅可以带你走向成功！我的服装人生之路，要感恩牛哥、感恩这位严肃的师傅！

男装、女装的设计都学过后，我摩拳擦掌，总想试试自己设计服装，因为公司没有安排给我这样的工作，只能私下旦尝试着自己设计服装，并在工友圈里展示。

终于，机会来了，由于师傅要出差，她将手头一些没有完成的设计任务交给了我。

这天，一位男士走进公司，当时是夏天，他上身穿一件白衬衫，下身穿黑色牛仔裤，脚穿黑皮鞋，手里拿着双肩包，像是一个有钱的企业家。

“请问你有什么需要吗？”文员接待道。

“我找你们的设计师。”

听到要找设计师，我出来了。

“我们设计师出差了，我是代理设计师，要设计衣服吗？”

“哦，你好，我想让你们给我量身定做一套西装。”

“好的，我们到设计室，我量一下你的身型，确定衣服的尺寸。”

我俨然像个设计师，仔细地测量他的肩宽、臂长以及腰围等尺寸。

“好了，你的体型真好。你需要什么颜色的呢？黑色、白色还是其他颜色？”

“黑色，黑色比较正式，我要到正式场合穿。”

“好的。”

“给我用最好的料子。”

“好的。”

“大概什么时候能做出来？”

“两周左右。”

“好，要尽快呀！”

“我们一定尽快完成。”

顾客离开后，我反倒紧张起来。是的，考验我的时候到了，这是我人生中的第一单，我一定要把它做好！

我开始认真研究西服风格、版型方面的书籍，夜以继日地绘图、设计。稿纸用了几百张，不满意的扔进纸篓，满意的反复修改。经过一周的设计、绘制、琢磨、修改，一套西服的款式跃然纸上。又经过两周的制作，最终做成了六个不同的风格。

顾客也按时来取，但尚未穿在身上，顾客却急了：“这是什么东西，袖子那么长，下摆也长，能穿吗？”

“西服就是要大点，这样才能穿出风度，先生别急，先试一下，看看效果？”

“好吧！”他将信将疑地试穿。果然如他所说，袖子太长，下摆也将近包住臀部了。但衣服是瘦瘦的，里面勉强穿上一件衬衫。

这一次试水我失败了，被顾客大骂一顿，其他同事也对我投来异样的眼神。但我没有气馁，因为我相信一首歌的歌词：“心若在，梦就在……只不过是从头再来。”是呀，我只是失败一次而已。

将近过了一周，师傅出差还未归来。我又接待了一位老顾客，这是一位年轻的女士。

“你好，我想做一件连衣裙。”

当这位女士走进我的办公室，我先是仔细打量了她一番，然后快步走上前去询问。

“你要定做衣服吗？”

“是的，帮我定做一件连衣裙。”

“好的，我先量一下尺寸。”

我的心激动了，紧张了，手不由得抖了起来。这是我为第一个女装定制客户量体裁衣。经过测量得知她是一位身材完美的女性。

“你需要什么风格的？我们这能出瑞丽风格、百搭风格、淑女风格等服装风格。”说着，我将相关风格的资料图册递给她看。

“我对风格设计没什么讲究，只要时尚、好看，能突出个性就行。”

“能说一下你的性格特点吗？以便我们帮你确定风格。”

“我的性格是多变的，工作中我比较成熟稳重，生活中我比较活泼、俏皮，另加三分文静。”

“好。”

“你喜欢什么颜色呢？”

“红色和粉色。”

“好的，两周给你做出来。”我对自己非常有信心地说。

我先是调研了市场上关于瑞丽风格和韩版风格的最新款，然后再结合女性的体型进行构思。因为我失败过一次，所以这次我更加认真仔细。调研了近百件新款，图纸修改了三天，最后到制作的时候，只剩不到三天了，没办法，我请求顾客把提货时间往后推一下，女士爽快地答应可以推迟一周。样衣制作出来之后，我又放在办公室看了三天，觉得哪里不适合又进行了修改。终于，当女士把连衣裙穿在身上时，我眼前出现了美妙的画面……

女士先试穿了粉色瑞丽风格的连衣裙，甜美的长相，搭配粉色色系，优雅而不失俏皮，成熟而不失活泼，休闲与动感交相辉映，整体上干练而又不失俏丽。

女士满意地笑了。趁着兴致，女士又试穿了韩版连衣裙。这一件相比前一件，更加把女士的活泼俏皮的个性展现了出来，她对着镜子做出各种顽皮的动作，宛如一位少女在大自然中享受花香的滋润。

“你的设计真不错，能给我你的联系方式吗？以后我会常来找你设计的。”

“好呀！三生有幸！”说着，我将 BP 机号码告诉了她。

“这是我的名片，以后有好款式的衣服可以告诉我。”

“黄姐。”我接过名片，念出了她的名字，然后赞美说，“你的名字真好听。”

“哈哈，你叫什么名字呀？”

“我叫谢平华。”

“哦。谢师傅，你好！”

“你好，以后需要订做什么衣服尽管来，我给你最好的设计。”

女士付好款，提着新衣离去后，我的心情久久难以平静，近一个月的压抑终于以胜利告终。人间幸福，莫过于此！

从此，女士经常找我设计衣服，从淑女风格到田园派，从 OL 到洛丽塔，几乎每种风格的衣服都设计了一遍。我也从此得出一个结论：我比较适合设计女装！从此，我的梦想更细化了，我要做女装，当女装公司老板。

在这个公司又干了几个月，我选择了离开，向着我的梦想迈进。

由于我已学会了设计的基本技巧，按理说应该可以自己创业了。但创业需要一大笔资金，考虑到家里比较穷，自己手中也没有那么多资金，面对现实，只有自己先赚点钱作为启动资金，才有可能去创业逐梦。于是，我决定再去一家更大的服装公司上班。

累并快乐着——从设计助理到设计总监

当时，听说著名的杭派女装公司秋水伊人在招聘设计人员，于是我应聘了。秋水伊人毕竟是大公司，对设计师的要求非常高，只会依葫芦画瓢肯定不行。我当时就处于这个阶段，设计师我没有应聘上。面试官是秋水伊人的老板娘——一个很有名的设计师，她看我还是有一定的设计基础的，是个设计师的好苗子，就让我做设计助理。

她说："千里之行，始于足下。只要你脚踏实地，不怕吃苦，一步一步从基层做起，将来会做到设计师、设计总监甚至部门经理职位的，你还年轻，年轻就是财富，小伙子，好好干，我看好你。"

她这一席话，令我感慨良多，我接受了这个职位。不，准确地说，是我立即抓住了这个机会！

当时我们设计部有十多个设计师，每个设计师配有两名助理，说是设计助理，实际上就是给设计师跑腿的。

虽然我曾做过设计师，有这方面的资本，而让我做更低一级的设计助理，我也没有抱怨。

“小谢，去帮我取款去。”

“小谢，帮我倒杯水。”

“小谢，明天帮我到四季青买面料。”

……

不管领导让我干什么，我都任劳任怨。当然，我也从这里学到了很多设计方面的新知识。因为我有梦想——向上攀登的梦想，所以我很勤劳，心里还很欣慰——累并快乐着。

我认为自己是不甘平庸、努力奋进的人，因此，在设计助理岗位上做了3个月，我就对设计总监说，我想出款，因为只有设计师才有权利出款。设计助理出款意味着要做设计师了。

根据秋水伊人公司规定，设计助理要做6个月且被评为优秀员工之后才可以出款，因为出款若出不好会浪费原料和工时，所以公司对这事很谨慎。但由于我的勤奋和坚持，设计总监还是破例让我出款了。他对我说，给我两个月的时间，让我设计10个款出来。那时是春末，公司正在全力设计秋装。

接到任务，我非常高兴，日夜沉浸在设计的思绪中，每天5点多就起床，研习各种款式，一开始我打算10个款分别出10个不同风格的衣服，但想想这样风险太大，不如出自己最擅长的风格。于是专心研究我最喜欢的韩版风格，看款式、画草图，还专门找到黄姐让她给出意见。两个月过去了，我设计出了10个韩版风格的款式：4款秋季裙装、4款外套、2款女裤。主管我的设计师也很满意，感觉不错。但毕竟订货会上高手云集，评比条件苛刻，我也不敢掉以轻心，小心翼翼地拿到订货会，让模特们穿在身上展示。

先展示的是女裤，模特们穿上女裤，低调的色彩，笔直的线条，贴身的剪裁，勾勒出女性完美的曲线。虽然描述得很丰满，但现实很骨感：两款女裤没有一款被商家订下。我的心紧张起来。

接下来轮到裙装了，温暖的色调，柔和的面料，精致的点缀，诠释出秋季女性的内敛与含蓄、成熟与稳重，但又不失可爱与俏皮，结果这4款裙装被订货商看中两款，其中一款订出4000多件，另一款订出2000多件。设计师在远处朝我竖了竖大拇指，刚才一直很紧张的我，也快活起来。

最后是外套的展示，深暗的色彩，古朴的风格，简单大方的设计与秋天的气息交相辉映，展示了女人的风雅与韵致。结果这两个款式的外套中有1款也被订货商看中，订出2000多件。

一场订货会下来，我设计的10个款中有3个被订出，其中一个款4000多件，算是爆款了。我的领导们很满意，晚宴上，设计总监对我说："你有设计的天赋，以后直接调你当设计师。"

"谢谢领导。"我兴奋的心情溢于言表。

做到了设计师的职位，我并没有骄傲与满足，反而比以前更加努力了，因为职位上去了，工资高了，更有干劲了。

这一季我打算尽我最大的努力多设计款式。每天我就往返于四季青服装市场和附近各大商场看款，在办公室研习设计资料，画图修图，下班后，回到家也是研究相关设计书刊。周末本来有休息，但我一点休息的念头也没有。

这一季是设计冬装。我先按照我最熟悉的韩版风格设计了10个款式，分别是2款冬裤，4款羽绒服，4款毛衣。然后是比较熟悉的瑞丽风格，也设计了

10个款式，4款冬裤，4款羽绒服，2款毛衣。其他不熟悉的风格我也做了一些尝试，比如淑女风格设计了1款羽绒服，1款毛衣。

设计出来之后，仍然是让黄姐先一一试穿，效果都不错后，才决定拿到订货会上去展示。结果有10个款被订货商看中了。其中6个款是韩版风格的毛衣和羽绒服，另外4款分别是淑女风格的羽绒服、田园风格的毛衣、民族风格的羽绒服和学院风格的毛衣。其中一款韩版风格的羽绒服居然订出9000多件，是秋水伊人有史以来订得最多的款——爆款中的爆款！

领导对我大加赞赏，经常请我吃饭。我对自己也更加有信心了，并以自己身为秋水伊人设计师而自豪，介绍了许多朋友、老乡到公司来上班。

转眼间又到了第三季度的设计期，这一期是春装。由于有了更多的设计经验、激情和干劲，这一次我打算设计出更多的款式。

韩版风格我设计了20个款式，分别是10个款式的外套，5个款式的衬衣，5个款式的女裤（尽管女裤设计得不成熟，从没被订出，我还是坚持设计着，因为我认为作为一个设计师要各种服饰都能设计）。淑女风格设计了10个款式，分别是5个款式的外套，5个款式的衬衣。民族风格设计了5个款式的外套，3个款式的内衣。学院风格则有3个款式的外套，2个款式的衬衣。嘻哈风格、朋克风格、OL风格、洛丽塔风格等所有风格都做了不同款式。总共设计了60多个款式的春装，套用时髦话说，这是我设计思维大爆炸的元年。

设计出之后，黄姐也不厌其烦地试穿；拿到订货会上，居然被订出了30多款。其中有15个款订单在4000件以上，8个款在8000件以上，都是爆款。这是其他设计师至今都没能打破的记录。此后，我成了秋水伊人公司设计师中的佼佼者，其他设计师都投来敬佩的眼光。我也因此成了领导眼中的红人。

被提拔做设计师后，公司也给我配备了两个设计助理。我尝到了初当领导的滋味。

第一个助理来自江西服装学院，是我亲自招聘的，这个男孩给人的第一印象是忠厚老实。仅有这些肯定是不够的，他对服装设计的独到见解，是让我将他留下来的主要原因。

不久，我又招了一个女生，她是安徽人，也是江西服装学院毕业的。这个女孩不仅有很好的设计理念，而且勤奋好学，有个性，将来一定是一个个性十足的设计师。我对她呵护备至，基本上不让她给我做杂务，尽我所能地传授给她设计技巧和经验。当然，也经常带她逛商场看款。她很有主见，也很聪明，每看一种款式，她总能说出这个款式所属的风格特点和流行热度。

有了设计助理后，我的出款效率更高，出款量更大，被订出的款也更多了。

上一节说到，我第二季度设计的30多个款，有10个款被订出，其中一个款订出9000多件，创下新高。第三季度我设计了60多个款，而且各种风格的都有，其中有30多个款被订出，而且有近10个款都是爆款。这样的成绩，让我获得领导和公司的奖励。

所以在这个第三季度，我被提升为储备总监，到设计夏装时，在团队的共同努力下，我设计了70多个款，也是各种风格都有，其中40多个款被订出，打破了历届设计师的款式被订出的最高纪录。这一次几乎每个款都有订单，我达到了我人生设计史上的第一个巅峰，同时对于各种风格的驾驭也更加有经验了。

不久，我被正式提升为设计总监，由我亲自选拔3名设计师、6名设计助理，组建了一个10人的设计团队。

服装公司，设计师是灵魂，工资自然很高。如果晋升为设计总监，每月能拿上万元。当时，我们工厂的厂长，一个月才拿5 000多元。高薪就是诱惑和激励，我充满了干劲。

当时公司有5个设计团队，即5个设计总监，15个设计师，对设计总监采取的是淘汰制，每个季度都有评比，两个季度的订单量都排在最后一名的，或一个季度一个款都没有订出的，就要被淘汰，由设计总监降为设计师。对设计师来说，其设计的款式没订单的话，设计师就会被降为设计助理。由此可见，公司的制度是很严酷的。当然，设计师如果做得好，也会重新晋升为设计总监。狭路相逢能者胜，谁有能力，谁就能出类拔萃，崭露头角。

管理设计团队与带设计助理有很多不同，因为是管理设计师，既要会管理他们，又要会帮助他们，带动他们工作的积极性。而此时已不用我亲自去设计了，而是看他们的设计，评价他们的设计，指导他们的设计。把自己的设计理念、设计风格传授他们。因此，我有更多的时间来学习、研究设计风格。

我经常带设计师看时装秀，观摩时装大赛，把握流行元素与时尚脉搏，汲取营养，转化为自己的设计理念。

我也结识了许多时尚界的大咖，和他们交流设计经验，谈论每季流行的款式、风格，把握流行风向标，做到“知己知彼，百战不殆”。

回到公司，我经常将自己从大咖身上领悟到的思想、学到的设计理念与自己团队的设计师们展开讨论。研究哪些理念可以应用到秋水伊人服装的设计当中，借以改善款式、吸收新的设计元素，以此源源不断地给设计团队提供新鲜的设计思想。这些工作逐步实现了我的人生梦想的一小步——让人们穿上我设计出来的衣服。

有了这些努力与思考，引进了这些设计理念的“活水”，我们团队也取得了骄人的成绩，每个季度都能推出100多个新款式，经常会被订出的有50多款，爆款不断。

当然，这些功劳不是我一个人的，而是团队所有人的共同付出。还记得我做设计师时招来的那位女设计助理吗？由于她辛勤的付出和快速成长，在我当设计总监时，提拔她当了设计师，她的晋升这么快，不只是我对她的偏爱，更是她自己不懈努力奋斗的结果。

因为她上过大学，对设计的理论知识了如指掌，同时还有一颗不甘平庸的上进心，所以进公司才两个多月，她跟我说她要出款。从她身上，我仿佛看到了以前的自己，我对她表示很大的支持，并深情地对她说：“小李，好样的，我支持你。”我也让她出10个款，当然并没有对她说没订单就不让她继续

图 1–1　色彩一秀靓丽的团队

做之类挫伤她上进心的话。

“好！我一定把它们都设计成爆款！”她很有信心地回答。

终于，在开订货会之前，她设计出了10个款，并拿到我的办公室让我参谋指点。当时，她的眼圈黑黑的，显然是经常熬夜的结果。

她设计的款式有瑞丽风格的连衣裙、淑女风格的T恤、韩版风格的热裤，色彩搭配艳丽而不庸俗，线条流畅，曲直有度。在我看来，款款都堪称完美。

果然，此次订货会，小李设计的10个款中7个款都被抢订一空，其中有3个款都是爆款。

那一刻，我由衷地感到欣慰，因为对她的付出和培养，都是值得的。订货会之后，当即调升她为设计师，她也成了我们设计团队的一员大将。

杭州农民房里诞生的老板

当团队在秋水伊人越做越好时，我却萌生了辞职的念头。是的，创业梦一直在我心头挥之不去。

辞职后，我张罗起自己的创业生活。创业发展路径是这样设计的：因为加工厂创业成本低，我首先做加工厂，未来时机成熟时再做自产自销。

我拿出自己的积蓄，再向朋友借了一些，从最基础、最困难的做起。毕竟资金有限，所以我租了一间农民房，买了6台机器，联系以前的同事，懂行的朋友，让他们来一起创业。

因为都是20多岁的单身小伙子，没有什么顾忌的，大家吃在车间，住在车间。这时最大的资本是年轻，激情高涨。所以每天我们工作时间都很长，差不多都在13小时以上。工作第一，吃饭第二，睡觉第三，实在熬不住就趴在缝纫机上眯一会儿。

由于一开始只做加工，订单就凭我的人际关系了。实际上，买好设备后，我们手中还没有订单，我便把我的苦衷向秋水伊人的朋友和之前的那位温州老板诉说，他们都不约而同地表示支持，给我订单。温州老板还对我开厂创业表示了极大地支持。

在我们这群年轻人的努力下，订单渐渐多了起来。在农民房干了3个多月，回收了些资金，我决定扩大规模，租了间200多平方的地下室，又增加了20多台机器，人数也增加到32人。

但一开始和我一起创业的几个人都渐渐离开了我，因为虽然赚了点钱，但毕竟工作很辛苦，得到与付出存在很大差距。

只有一个人和他们不同，他像我一样有梦想，有干劲，有激情。我们俩一起管理这个小小加工厂。其他30人都是新招的。那时劳动力过剩，招人也好招，只要在厂门口贴个招聘广告就能招很多人。那时的房租也相对便宜，200多平米的地下室每个月才几百元租金。

留下来跟我一起干的这个伙伴，是我当初在温州老板那打工时认识的哥们，他也是我江西老乡，虽然不善言谈，但对事业无比忠诚，对工作一丝不苟。敦厚质朴的性格特点在他身上淋漓尽致地体现出来。因此，我们俩成了无话不谈的好朋友。

随着规模的扩大、业绩的提高，时机成熟，我便想到了自产自销。这也是我创业计划中的一部分。这时我和我的合伙人也有了分工。我负责设计推销，谈业务；他负责管理生产。

那时就是骑着自行车，拿着做好的样衣，一个店一个店去推销，好让客户订我们的货。每天天不亮就起床，将样衣准备好，有时都顾不得吃早餐，拿到千百惠、西子美景等连锁经营的服装贴牌公司，给他们的专家看，希望我们的货能被他们接受、订购。

自产自销的第一季度我出了十几个款，为了保障被订出，我设计了自己最拿手的韩版风格。功夫不负有心人。10多个款有9个款被订出，其中有一个款的订单达到6000多件，后面的补单也很多。结果卖了18000千件衣服，每件衣服净赚几十元，共赚了几十万，我尝到了创业成功的果实。

总结分析，我发现这些成果的得来，不仅来自我们这群年轻人的努力，也与我的人际关系密不可分。这其中千百惠的运营总监鲁哥对我帮助很大。

鲁哥是我到千百惠参加订货会时认识的。当时因为作坊有重要的事要我处理，而千百惠早上8点开订货会，逾时不得入场。待我处理完作坊里的事已经7点半了，加之距离较远，我到达千百惠的会场时已经超过8点了。我很失望、沮丧，但还抱着希望和保安解释，希望他们能通融，让我进去。但无论我怎么说，他们就是不让进。

我陷入绝望，眼睁睁地看着自己的心血将被时间抹杀掉：这可是我们全作坊人的勤劳成果呀！错过了这次订货会，这些款式就相当于被抛弃了，这一年我们就别想卖出货了。我无奈地哭了。

“让他进来吧！”一个超有磁性的嗓音突然响起。我回头一看，只见一位西装革履、帅气十足的男士在发话。

“他已经迟到了，是不能进入的。”

“规矩是人定的，别为难他了。”

“好的。”

保安侧身让我进场。

我紧紧地握住了他的手：“谢谢你，领导。”

“别客气，我看你衣着朴素，不像是有钱人，创业都不容易。”

“太谢谢了。”

“好了，别说了，赶紧去参展吧！”

“我叫谢平华，叫我小谢就行了，你叫什么名字？留个电话吧，我要找时间感谢你。”

“别客气了，他们都叫我鲁哥，你也叫我鲁哥吧。”

“鲁哥好，把电话号码告诉我吧！我们常联系。”

……

此次订货会，我取得了骄人的成果，带着这份喜悦，请鲁哥吃饭。经了解，鲁哥是千百惠的运营总监。千百惠将来可能是我的大客户，我们互相尊重对方，从此成了好朋友。

在鲁哥的介绍下，我又认识了千百惠的许多重要人物，包括负责评定款式的负责人，为我们的服装打开了市场和销路。

不久，鲁哥离开了千百惠，他和我一样，同样有创业的梦想，他自己开了家服装公司，并注册了品牌——名歌服饰。鉴于我们的关系，我把我的衣服全部都订给了他，他也很高兴地接纳了，毕竟我们的衣服品质是不错的，已获得千百惠等品牌公司的认可。

但这一年，鲁哥刚开始自己做，品牌还没有获得消费者的认可，名气不大。所以第一年他的生意很不好，我们生产的货都没卖掉。鲁哥也很消沉，当时，给鲁哥供货的其他厂家都让鲁哥赔偿损失，要求名歌至少给到他们成本钱。我们关系好，我一分钱也没让他赔，自己承担了下来。这一季我们这个小小的作坊，巨亏了40多万元。当时鲁哥带我去饭店一起吃饭，他告诉我，虽然我没有要求他赔偿，但是他知道我其实也和其他厂家一样，是亏损的，但在所有的厂家中，就只有我没有要求赔偿。

因此，鲁哥对我很感激，到2008年，他们的品牌打出去了，生意好了起来，也订了我们很多衣服。2008年8月，一次和鲁哥吃饭的时候，他给了两件样衣，其中，棉衣下单10000件，净利润40元/件；呢子大衣下单6000件，净利润32元/件。当时因为订单量大，我面临着面料成本不够的情况，鲁哥也第一时间借给我本钱。一年下来，包括卖给其他客户的衣服在内，最后我赚了150多万元。

其实，能够有这样的转机，关键就在于鲁哥面临经营困难的时候，我并没有落井下石，因为我相信，鲁哥当时只是暂时性的经营困难，我了解他，也信任他，所以当鲁哥有业务订单的时候，才会优先考虑我。这一年，我踌躇满志地考虑像鲁哥那样成立自己的品牌公司。

图 1-2　色彩一秀订货会现场 1

图 1-3　色彩一秀订货会现场 2

图 1-4　色彩一秀订货会现场 3

图 1-5　色彩一秀订货会现场 4

图 1-6　色彩一秀订货会现场 5

让更多人有新衣服穿——创立色彩一秀品牌

2008年在鲁哥的帮助下，我大赚一笔之后，并没有骄傲自满，退出江湖，过安逸的生活，而是继续奋斗。我的梦想虽然已实现了一部分（自己当老板，经常换新衣服），但还没有完全实现（让全世界没有新衣服穿的人都有新衣服穿），因此，我不甘现状，扩大规模，大量招人，购买设备，同时初步完善了自己的团队，创立了色彩一秀品牌。

从公司运营管理和事业发展着想，我首先设计了色彩一秀的精神内涵：

图 1–7　色彩一秀

产业报国之精神，光明正大之精神；

团结一致之精神，奋发向上之精神；

礼貌谦让之精神，改革发展之精神；

服务奉献之精神，创新学习之精神。

接着设计了色彩一秀的愿景、使命：

实现顾客的梦想，成为世界级领先服装品牌；

在开放合作的基础上独立自主和创造性地发展世界领先潮流的服装品牌；

以产业报国、振兴民族潮流、制造高质量服装为己任。

色彩一秀团队精神则为简单的12字原则：

团结友爱，互帮互助，爱人爱己。

彩一秀团队的经营准则是：

理性追求——宁慢两步，不错半步；

授权经营——充分授权，业绩导向；

协作共享——价值为尊，利益共享；

经营理念——将全世界最新潮的服装奉献给广大爱美消费者；

管理理念——严格执行管理制度，军事化管理；

管理特色——合理化、科学化、标准化、网络化；

服务理念——您的每一件小事都是色彩一秀的大事。

人力理念—以人为本，人才核心。

核心价值观如下：

少说空话，多干实事；

质量第一，顾客满意；

忠诚友善，勤奋进取；

诚信经营，多方共赢；

爱岗敬业，开拓创新；

遵纪守法，廉洁奉公。

以“忠诚友善、勤奋进取”为企业精神，以“少说空话，多干实事”为务实的工作态度，从而形成了外拓内敛的求实文化、围绕当代“以人为本”构建和谐社会和引领服装设计全球化潮流为特色的企业文化。

在公司的企业文化创立之后，我们对管理人员也进行了培训和筛选。为了公司的发展，我铁面无私，多年的哥们也被换了下来——他就是我的厂长——曾经在大家离我而去时留下来与我并肩创业的老乡。尽管他为人踏实，但随着公司的发展，严酷的管理方式跟不上年轻人的需求，导致很多员工对他抱怨和不满，甚至离职而去。

有一次，我急等着要一批衣服，必须在当天完成，而且量比较大，他满怀信心地对我说要保质保量完成。一大早，他就给班组长开会，说必须完成我交代的任务，完不成每人罚500元，并让他们签下了保证书。

生产热火朝天进行中，但下午4点左右，两台电车突然坏了，班组长连忙找人修理，维修人员修了好长时间，其间班组长们多次催促，但仍没有修理好。于是便去找了厂长，结果他将他们大骂了一顿：

“怎么搞的，修那么长时间还没修好，你们是怎么修的？”

“没有匹配的零件。”

“还不赶快去买！”

“买去了。”

“快点！今天耽误了生产你们每人也罚500元。”

“好，我们尽力。”

最后，到晚上8点多电车才修好，此时已到下班的时间，班组长只好带领工人们加班加点赶工。直到晚上12点多，才最终完成了任务。他们以为可以松口气了。但这并没有博得厂长的同情，厂长又对他们训斥了一番：

“照样罚款！”

“可是我们已经完成任务了呀！”

“已经晚了！”

“我们完成任务了凭什么罚我们钱？”班组长们以理反驳道。

“不接受罚款就滚蛋！”

“走就走！”

结果第二天，走了3名班长，1名组长，生产变得如无头苍蝇般混乱起来。我便找他了解情况，他将员工离职的事告诉了我。

我想了一会儿，对他说：“你的管理有问题呀！我常对你说，要人性化，不可鲁莽，我给你换岗位吧！”

我平时对他犯这种错误一直持容忍的态度，这一次，为了公司的发展壮大，不能再容他错下去了。

此时，我们也建立了自己的设计团队，以前都是我一人设计，但由于公司事情太多，便招了几个设计师和设计总监，其中设计总监是朋友介绍过来的，之前她在某女装品牌做设计总监，来到我们公司后，主要负责产品研发、设计和审稿的工作。

那时，我经常去韩国买版，回来后根据国内流行趋势进行改善。

东大门市场是韩派风格服饰的发源地，各种款式琳琅满目，令人目不暇接。我经常来这里看款、选版、买版。有时候带设计总监一起来，有时我实在忙不过来时，也会派设计总监自己一人来。

总之，每月我们都来一两次。学习韩派风格特点，吸引韩流精华，学以致用，为我们的色彩一秀品牌注入新鲜的血液。

我曾经到韩国买过一个款式的版，回国改成一种韩派风格的外套，当时销售了3万多件，后来改成了瑞丽风格的防晒服，又销售了6万多件，再后来又改成了淑女风格的外套，仍然热销了3万多件。由此我得出这样一个经营理念：一个好款可以根据不同季节改造，换流行元素和面料，就可以销售两年。

有一年夏天，我带着设计总监来到东大门服装市场内。突然，她指给我看一款红色连衣裙，这是一款非同寻常的最新款的连衣裙，圆圆的衣领，一袭绯红，侧身一排红色的纽扣，将女孩的身姿修饰得更加曼妙，尤其是腰间的那一条红黑相间的腰带，更加点缀了女孩的成熟与风韵。

“好，这一款的版我们买下来，回头再好好修改，改成下一季度的秋装或冬装。”

于是当时我们便把这一款式的版买了下来，连同其他许多版带回了公司。

回到公司，我们便开会商量修改，使这一款更加流行。有人建议改为风衣，有人说改成外套，最后我发现改成羽绒服比较合适，于是改成了一款红色羽绒服，当季便销了3万多件。

我们的每一个细节做得都比较精细。比如，一个款确定推出，大量生产之前，我们先用不同布料做几件样品，看看这种布料是否缩水，若缩水便重新拿到织布厂加工维护，确定不缩水后才进行大量生产。

唯有如此，无论是款式还是品质，才经得起时间的考验。

关于这位设计总监的故事，在后面章节还有更精彩的内容。在这里，我想告诉大家的是，我们已经有自己的设计团队了。

色彩的魅力——品牌诠释

色彩一秀发展之初，为了赢得消费者，深受杭派女装的影响，基本的风格特点都是杭派服饰所特有的。

产品风格

自然、休闲、时尚、优雅。

产品特点

服装整体廓型简洁大方，细节设计别致有品位，服装色彩丰富而不夸张，搭配和谐，款式富于变化，产品组合丰富，贴身剪裁，版型舒适；适合工作及休闲场合穿着，搭配方式女人味十足，强调穿着效果及整体气质，面料轻柔，花型清新大气，自然多彩，强调自然舒适的手感及外观效果，有女性化气质，优雅、内敛而不张扬，流行而不夸张。总之，通过多变丰富的产品搭配组合方式，体现女性的整体穿着效果。

目标顾客描述

心理年龄：18 — 38岁；

实际年龄：25 — 45岁；

职业：上班族、政府职员、教师等；

收入：年收入在3万以上；

教育：初中以上；

要求：休闲、时尚。

色彩一秀的顾客是属于那种有个性但含蓄内敛的现代女性，无论是工作中还是生活中，都要求有自己的风格。穿色彩一秀的她，单纯而内敛，是介于理性与感性、传统与现代之间的都市女性。

生活：工作在生活中占据了大部分的时间，较繁忙的工作缩短了她的休闲生活，不愿为工作放弃自己的喜爱。她会有较多的爱好，在短暂的休闲生活中充分享受人生，这也是色彩一秀给她的理念。

色彩一秀的“她”

她过着舒适自然、自由向上的生活；她感情细腻而简单，追求真爱。

她渴望被别人关注，渴望通过迷人的外表吸引别人的注意力；对自己的个性有张扬的习惯，但还保持着三分内敛；拥有自己的生活世界，既关注外界生活又能保持自我，表现自我；与朋友相交往，更在意异性对她的欣赏。

她追求有规律的生活，钟情于自己喜欢的工作，工作只是她生活的一部分，她是一个能把工作与生活的界限划分清楚的人；她喜欢早晨窗棂下的一杯热奶，中午工作台上的一杯咖啡，黄昏西式餐馆里悠扬的小提琴声。有时一个人也能很好地独处，希望每一天都过得悠然与恬淡。

她对未来生活充满期待与渴望，她喜欢活在自我的世界里。她的内心充满了淡淡忧郁，寂寞也许会是她一生生活的主旋律，但她都能驾驭它。做一个简单、独立、自我、为爱情终生不渝的女人是所有色彩一秀女人的共同愿望。

消费者的心理特点

因为西方价值观的入侵，城市文化的碰撞，当今的年轻都市女性更注重自我：她们多数较满足目前的生活状态，但不甘平庸，希望生活有点变化，希望能更随性的生活；希望在生活与工作中都能保持自我。

伴随自我价值观的觉醒，中国今天的新女性遇到的心理矛盾更为突出：在她们心中，自我的价值被放大，她们崇尚自由的精神。但她们希望能在自我认可和价值实现的同时，同时把握职业与家庭，并获得认可。

品牌定位的灵感让我决定，色彩一秀女装应将目光锁定有一定文化修养的现代女性，用独特的品牌艺术风格引领现代女性的时尚生活，它注重的是与顾客心灵深处的沟通，审美趣味的相投，文化内涵的融合，它表达的是含蓄大方、具有女人味的休闲着装风范，温柔中透出动感，浪漫中透出时尚，典雅中透出俏皮。

品牌诉求点

新经济时代的时尚浪漫主义。

品牌精神

用色彩创造美丽。

品牌价值使命

让全世界的女性更美丽。

品牌风格传导

自然、时尚、浪漫、休闲、典雅。

品牌利益

色彩一秀给我带来平价、流行的时尚的服装，自然、休闲、时尚、浪漫、优雅的造型和搭配指导，让我在上班、休闲时间都能穿着，使我更美丽，更自信。

品牌远景

强化品牌力量，改善终端及产品，吸引新一代年轻女性群体，并让她们在色彩一秀持续购买，形成品牌依赖。

经过公司的扩大，品牌的成立，企业文化的形成，公司员工团结一心，干劲很强，那一年在四季青租了一个档口，订单源源不断。

那一年的秋季，我们设计团队设计了90多个款，专注杭派，各种风格都有。我们把设计好的款式做成样衣，先让模特们一一试穿，自己内部评款。设计团队将他们设计好的款式拿给我看，我一一穿到办公室的模特身上，每天上班除了日常工作，我就研究、琢磨这些新款式，一旦发现有什么地方需要改进，就立即记录下来。经过一个星期的观看和琢磨，将要修改的地方汇总，让他们拿去统一修改。这样的评款证明：若一个款放到我办公室，一周都看不出缺点，那必是爆款！

经过我们大家共同的设计、琢磨、修改，最终我们设计出的90多个款式，有40多款被订货商订购，其中有10多个是爆款，单款订量都超过6000件。一个季度我接了近1 000万元的订单，迎来了创业的小高潮。

杭派女装的大败局

在全体员工和我的努力下，注册公司和品牌的第二年，我们就赚了几百万。欣喜之下，我们举行了庆功宴。饭桌上，高层们谈起了公司的问题，一致建议要继续扩大规模，招贤纳士，完善公司各个机构的布局，但对于像我们这样成立之初的公司，应包括哪些部门，每个部门有多少人员组成是合理的，该部门人员需要具备哪些素质、哪些技能，这一系列问题对于我们这些没有什么管理学专业背景、实践经验的人是很难解决的。有的人建议请专家，有的人建议若有朋友熟悉这一块更好，这样能省下不少资金。这个灵感触动着我的神经——黄姐不是在一家大企业当高管吗？她应该有丰富的专业管理知识。我第一时间便想到了她，立即给她打了电话。

因为她比较忙，等她下班时，我去她公司楼下接她。我去时坐的是出租车，去酒店谈变革管理之事时，则是坐她开的奥迪。

“现在我该叫你谢总了。”

“呵呵，还叫小谢吧，这样亲切。”

“哪里，再不改口就对你不尊重了。”

“今天我还要向你请教问题呢！”

“什么问题？”

“关于公司架构组织、人才选用等一系列的问题，我都不懂。我们学历也都不高，公司虽然发展这么大了，却什么都不懂。”

“没事的，都是这样，慢慢来。是呀，你现在招人才是对的。”

“所以这方面我还得拜你为师呀！”

“拜师不敢，我们一起讨论吧。像你这样的服装公司，它包括生产、销售、研发设计三大板块，而这正是你所要关注和管理的。生产部包括厂长、车间主管（车间主任）、裁床主管、版房主管；研发设计包括设计总监，设计总监管理设计师，设计师管理设计助理，这一板块你应该是很熟悉的。”

“嗯，是的。你不愧是专家，我听你的。”

“销售部包括运营总监、市场督导、店长，他们层层分工，层层管理。招商部包括招商经理。对了，还有人力资源部和财务部。人力资源部包括人事经理和一些文员，专门负责公司招聘、考勤归总、员工入职和离职管理；财务部包括财务经理、会计、出纳，专门负责工资发放、费用报销、出纳等。”

“那么像我这样的公司，这些部门每个机构需要安排多少人才能最有效率地运转呢？”

“像你这种情况，生产部要多一点，100人左右。这样才能更好地生产，保证订单能按时完成。设计部连同设计助理一共需要15人左右，5个设计师，10个设计助理，这样能更快更好地出款。销售部门包括运营总监、招商部经理（或者督导）、店长。运营总监可以先招1名，招商部经理可以有2—3人……”

那天，我们一直聊到晚上11点多，离开酒店，街灯仍闪耀着辉光，我也顿觉豁然开朗。

第二天回到公司，立即筹备招人。首先招了运营总监小陈，经过面试观察与了解，发现他比较有远见，有自己的思路，于是就任命为运营总监，并另招了几个人让小陈带领。同时组建了以小欧为首的销售团队。

经过观察与考核，我还选拔了一位比较稳重踏实、上进心强并有亲和力的厂长。

如此，公司包括董事长、厂长、裁床主管、车间主管、设计总监、运营总监、招商部经理，等等，组织架构慢慢完善、成熟起来了。

不久，我拿到了品牌商标注册证，经过半年多的审批，终于把证书发了下来，公司又上升到一个新的高度。这一年公司业绩做到了7 000万元。2011年，我们又招了100个工人，在团队的付出下，这一年做到了9 000万元的业绩，利润达到新高。

但到了2012年，虽然做了9 200万元，但利润点下滑，因为整个杭派女装整体下滑，每天都能看到工厂倒闭。

2013年，尽管我们做了1.3亿元的营收，但还是亏了300多万元。2014年做了1.45亿元，把前面几年赚的钱全部亏光了，都是低成本抛售的，很多门店能把成本赚回来就不错了，很多还没有赚回成本，都是靠走量出业绩。

这时的现实是，我们工厂还能亏本撑着，很多杭派女装却都在倒闭。杭派女装遇到了发展的瓶颈。

回顾“杭派”女装的历史，其概念首次出现大约是1996年。彼时正值中国服装业产业升级、转型的初期阶段。在杭州，中国美术学院、浙江理工大学、浙江科技学院等高等院校的服装系毕业生选择了白手起家。他们从几台缝纫机做起，自己设计、剪裁、制作，走上了创业之路。此后，一个个“夫妻店”式的女装铺面逐渐升级为专卖连锁店。众多品牌如雨后春笋一般出现。据统计，杭州当时已有女装生产企业两千多家，形成了庞大的女装产业群，业界统称这个时期的杭州女装为“杭派”女装。而随着21世纪中国经济的发展，身处中国最活跃的经济带核心位置的杭州也迎来了服装品牌发展的黄金时期。

当资本积累到一定程度的时候，不断加快品牌提升是必然的选择，从传统的大批量生产向集约型发展转变，注重品牌的个性内涵，以设计为主导，不断营造文化时尚氛围。同时吸取了国际名品的设计理念、销售计划和运作管理，从而形成了杭州女装品牌环境的大提升，催生了一大批全国知名女装品牌，杭州加速成为一个国际性时尚之都。

然而，随着生活水平的提高，人们的消费观念改变了，开始向往高端奢华的生活，一些国际服装品牌也大量涌入，吸引着许多爱美的女孩。这些因素导致她们选择更好品牌的服装，给杭派服装带来强大竞争。由于杭派服装发展比较缓慢，款式的发展跟不上人们的新需求。到2012年，这种观念落后的效应愈见明显，导致整个杭派女装严重衰落。

当时的我，对创业还是持谨慎态度的，不仅经常和高层研究，商量对策，也经常向黄姐请教。黄姐告诉我可以考察其他服装流派，必要时转产，因为杭派女装已经衰落了，没有再做的必要了。经过谨慎考虑，为了家庭，我只能暂时收起让更多人穿上漂亮新衣的梦想，选择关闭工厂，从杭州回到江西南昌，等待时机。

重新出发

回到南昌之后，我立刻投入到各种创业项目的市场调查与考核中，因为我知道自己不能停下来，之前的创业经历也让我对创业有了更深地认识。

为了不限制自己的视野，当时考察的项目，整体上行业覆盖范围较广。并且，对每一个项目都尽量做到实地考察。

其间，我也有过转行的念头。但一段时间下来之后，仍然没有选定合适的项目。这时候，我忽然想起了第一次学设计时，师父问我“你为什么要学设计”。

并且，我也清楚地记得自己是如何回答师父的。的确，我一直都对服装感兴趣，并且一直也想在服装行业发展，所以我才去学设计，才会在过去这么多年一直扎根于这个行业。在那一刻，我的心里总是有一个声音——这不就是你一直想要寻找的答案吗？

于是，我又重新将所有精力集中投入到对服装行业的考察上。回顾自己之前的创业历程，当时从杭派女装起步，一步步做起来，但面对整个杭派女装的下降趋势，仅凭自己是无法逆转的。

经过一番思考之后，我对自己有了更多的期待，因为是第二次创业，所以我想让自己更往前一步。既然之前是从国内重要的女装派系开始创业，那这一次，我要让自己有一个更高的起点。

接下来，我又一头扎入市场去做调研，研究快时尚的行业发展和风格特点，从受众多少，分析他们的进店率、购买率、业绩水平。经过近半年的研究、观察与思考，证实了我的想法，快时尚确实是当前最流行，卖得最好，业绩最高的一个服装风潮。

快时尚，在时尚界以“快、狠、准”为主要特征，带动全球的时尚潮流。快时尚服饰始终追随当季潮流，新品到店的速度奇快，橱窗陈列的变换频率更是一周两次，与速食时代“求速”的特点如出一辙。流行的快时尚品牌包括飒拉（ZARA）、海恩斯莫里斯（H&M）等。时尚速度快，超频率更新的快时尚，永远追随潮流的热点，让追求时髦的人趋之若鹜，扎堆采购。

快时尚在中国赶上了好时机，伴随着中国商业地产的大肆扩张和零售空间的迅速增长，从2006年飒拉（ZARA）在上海南京西路开出首店被追捧，快速复制的快时尚品牌店迅速成为同样被快速复制的中国商业地产项目们的宠儿。尤其从2012年开始，这些快时尚品牌愈发扎堆比赛一般，加快了开店的步伐。从一线城市深入二、三、四线城市，从一线城市的核心商业圈到非核心商业圈，截至2013年6月，短短一年半时间，优衣库（UNIQLO）、KM、飒拉（ZARA）、海恩斯莫里斯（H&M）和西雅衣家（C&A）以旋风式的速度新增门店共计207家。除此以外，核心商业圈的旗舰店则是越开越大，优衣库在上海淮海路的全球旗舰店，更是被戏称为“优衣库宇宙旗舰店”，其一至五层的卖场面积超过8000平方米，气势之磅礴令人咂舌。

研究显示：来自中国、澳大利亚、印度、日本、新加坡、韩国和泰国的

4157位消费者中，61%的有过冲动性网络购物经历的女性消费者承认，诱人的折扣和低价往往是冲动购物的诱因。对中国的女性消费者而言，低廉的商品价格往往会促使她们进行冲动购物。快时尚的特点在服装行业中表现得较为明显，特别是在消费更新频率高的女装行业，这将成为国内女装行业的市场突破口。

快时尚和时尚产业有所不同的是：时尚公司是组货式经营，一家公司自己开发一款货。开发好，购买力高，就赚钱；开发不好，购买力低，就不赚钱。

快时尚公司是买手式经营，全国各地做服装的很多，每一家公司在每个季度都会出100个左右的新款，但我们仅选取前五名，即5%，挑精华，然后用品牌推广出去。一个款，做好样衣拿到公司，让自己的模特穿，督导、经理、设计总监等来看、打分，达到一定的分数便采纳。若是爆款，则把这个款做成一批样衣发放到各个店铺，看一周销量，若排名第一，便上爆款，大批量下订单。

回想之前，自己开发一款或给别人订单生产，客户订多少做多少，自己没有主动权，也不知道销售得好不好。现在是买手制，自己到别的厂买款，选择面更大了，每周根据时间段可以选20—30个款，所以客户流量更大了。

这就是快时尚的生命力，价格便宜，有市场，很多人做得都很成功。每个行业都有生命周期，看着身边杭派服装企业一个个都在倒闭，而快时尚企业如雨后春笋般快速成长，回到南昌后不久，我决定加入快时尚这个行业，将前一年在杭派女装上输掉的，再次赚回来。

英雄城的快时尚故事

因为初来南昌，人生地不熟，我先租了500平米的场地，连办公和仓库一起，带着家人以及包括自己在内的4人团队，组成了一个家庭作坊式快时尚工作室，所有货品从杭州朋友那里拿。2015年，在南昌成立江西国威服饰有限公司，作为公司第一品牌，色彩一秀这面旗帜将在英雄城南昌重新飘扬。

这次做的是快时尚女装，经营模式上，我选择了以联合经营为主，重点选联营的经销商和店铺，评估条件之一就是看商圈位置的客流是不是我的受众。因为我们采用的模式是直接工厂到店，去中间化，“淘宝店价格，品牌的质量”——让消费者享受实实在在的货真价实。

为了做到万无一失，我加了很多服装群，招兵买马，招聘了很多做快时尚的运营人才。包括：

运营总监——负责公司与品牌的定位、走向，未来发展的设计；

招商经理——负责店面选址，开发店铺；

商品经理——负责门店配货，货品调拨；

采购经理——负责供应链渠道；

督导——管理门店业绩，培训店长；

仓管——负责控货、物流、配送。

我们做快时尚的第一个店，开在江西万载县。之后考虑到品牌的推广，南昌人口众多，城市繁华，人们比较崇尚时尚产业，有利于快时尚的发展，便在南昌开了两个直营店。

一个是万象城店，有106平方米；一个是象湖路店，有86平方米，都是双门头店。

尽管我们经历了从杭州撤回老家江西的惨败，但这次做快时尚，由于准备充足，所以第一年，我们的业绩就做到了320万元；第二年，即2016年做到了3 000万元；2017年总销售额突破1.2亿元，2018年更是进一步突破4亿元。团队也从最初的4人扩张到现在的900多人，办公场地从50平方米扩展到8 000平方米（包括仓库在内）。也可以说是搭上了快时尚的顺风车，事业的第二春顺风顺水。

2016年9月，朋友介绍赖炽明到公司做运营总监，因为他对江西市场比较熟悉，也很能吃苦，经常和我外出签约，有时甚至半夜才回到南昌。有一次，我就问他这样会不会太辛苦，他说既然你平时都是这样，作为公司市场一线开拓者，我也同样应该这样行动。

后来，由于追求个人梦想，赖炽明在2017年11月辞职进入到培训行业，因为这是他感兴趣的行业，所以我也很爽快地同意了他的决定。在公司的这一段时间，由于赖炽明的辛勤付出，公司进入第一轮快速发展期。

一年后，因为公司业务发展非常好，经过多次交流，赖炽明又回到了我们团队，公司进入新一轮快速发展。2018年公司业务突破了4亿元。

图 1–8　色彩一秀新店开张

2017年底时，公司招了200多

图 1-9　色彩一秀招商大会现场迎宾队伍

图 1-10　色彩一秀招商大会现场签约不断

家加盟商，新开了多家分公司。看到公司强劲的发展态势，我总感觉还少了什么似的，经常与同事和朋友们讨论公司未来的发展愿景。最后我们决定开一次经销商与加盟商大会，定在2018年3月16日。我们原本计划邀请200家客户，结果最后来了326家，现场客户爆满，人山人海，后来总部会场容纳不下，便当场将会场转移到南昌万达铂尔曼酒店。

会议上，公司招商部经理解读了快时尚的概念及发展趋势以及我们的招商条件，招商部经理理说：“货品更新速度快，时尚度高，去中间化零库存，顾客购买频率高，货品经济实惠性价比高，适应人群较广。”我们还带客户去看我们店铺的整体形象和商品风格，深得好评。在此次大会上，我也开启了公司愿景规划的演讲。

快时尚业绩倍增的实战案例

随着色彩一秀快时尚品牌深入人心，业绩的大幅提高，我有了开分公司的想法，使公司规模进一步扩大，早日实现我更大的梦想。

2017年我们在长沙、杭州各开了一个分公司。2018年，不仅在天津、河南和江苏开了三个分公司，还在柬埔寨开了第一家国外分公司。

图 1-11　色彩一秀招商大会现场签约

湖南分公司下辖的长沙二店，之前是一家鞋店，鞋店一年卖60多万元，在当地同行中排名第一。2017年10月加入色彩一秀，从10月开始到12月底，三个月做了140多万元的业绩。天津分公司下辖的双发店，也取得了不错的业绩。

公司的宣传，经销商的传播，使色彩一秀品牌深入人心，吸引了很多经销商加盟，下面我分享几个经销商的实战案例：

实战案例一：关掉鞋店拥抱快时尚店的赵总

临川的赵总，原来开皮鞋店，生意一直很冷清，每天过着只是保本的开店生活。生活甚是清苦，而且还很忙碌。

有一次，他把这种感慨向朋友诉说，这个朋友是色彩一秀的加盟商，便对他说："我感觉我这个店挺赚钱的，由于衣服风格多、款式新，时尚流行，而且价格非常低，很受大众欢迎。我每年都能赚六七十万。"

"真的吗？"

"当然是真的，下个月我准备换台车，把我的奥迪换成宝马X6，你也快来加盟吧！"

"好，我也加盟色彩一秀。"

不久，赵总将鞋店装修成色彩一秀的服装专卖店，引入服装。此后每天顾客络绎不绝，生意很是兴隆。做了两个月后，他又签约开了一家新的色彩一秀加盟店。两个店生意都很好。又做了两个月，又开了一家。三家店每个月都能给他带来二三十万的收益，他的工作积极性异常高涨，干了不到一年，他买了辆奔驰SUV，甚是高兴。

实战案例二：名牌店到快时尚店的改变

李老板原本经营着一家名牌服饰专卖店，质量、品牌都有名气，但由于当地生活水平比较低，人们舍不得买这么高档的衣服穿。李老板在投资开店前，没有觉察到这个细节，因此尽管他每天早早开门营业，晚上很晚才打烊，但生意不温不火，每月去掉成本和房租，几乎没有钱赚。为此，李老板每天闷闷不乐，愁眉苦脸，真是借酒消愁愁更愁。

这天，同一条商业街上开了一家色彩一秀加盟店，他看了一眼心想："我这么好的名牌衣服都卖不出去，这家店肯定黄。"

第一天，由于新店开业做活动，色彩一秀快时尚店里店外都是人，当天的销售业绩也非常可观。第二天果然如他所料，进店的人就少了很多，第三天也不多。但到了第四天之后，情况又反转了，色彩一秀快时尚店里进进出出的人又多了起来。

李老板有点纳闷，为什么我这名牌老店天天门可罗雀，而这家不知名的色彩一秀快时尚店却熙熙攘攘呢？

观察了几天，仍然百思不得其解，于是李老板决定亲自逛逛这家快时尚店，去打探打探。当时是冬天，当他进入店内，立即惊呆了：橘黄色的灯光，咖啡色的木地板，琳琅满目的陈列，各种灯光暖暖地打在模特身上，温馨与浪漫。

再仔细看各种服装，韩版风格、瑞丽风格、田园风格……各种风格应有尽有，陈列有序，层次分明。红色、黑色、白色、紫色、黄色……各种颜色的服装如一朵朵花儿竞相开放。颜色与格调交相辉映，风格与款式相得益彰，演绎出百花齐放的热闹场面，给这个寒冷的冬季蒙上了一种温暖的氛围。

再看看标价，无论是模特身上的爆款，还是角落里不起眼的款式，基本上都在100—300多元的价格区间，与自己最低300多元的名牌服装形成鲜明的对比。

“小姑娘，这衣服怎么样？喜欢吗？”这时，他问了一个来买衣的顾客。

“喜欢，可喜欢了。”

“为什么喜欢呀？”

“衣服款式多，颜色丰富，各种格调的都有，最重要的是价格便宜，我们都能买得起。”

“便宜无好货，你不知道吗？”

“但我觉得这衣服挺好看，至少我们能买得起。”

“至少我们能买得起！”这句话深深刺进了他的心窝：“是呀！就他所处的县城的生活水平来看，高档的衣服她们舍不得买，也消费不起。也许就是这种高品质、低价位的衣服，才适合这里的消费人群。

他明白了，马上到柜台要了公司总部的联系方式，经过几天的谈判就签订了加盟合同。再经过几天的准备和装修——把原来的品牌衣服以低价位处理掉，按照色彩一秀快时尚店的风格装修了一下，便投入到热闹的开业销售中。

通过营销宣传，开业时人山人海。因为他有开店经验，经过了不到一个月的磨合期后，他对快时尚店铺经营管理就得心应手了。不到半年，李老板就将投入的成本收了回来，仅仅1年，他凭名牌店到快时尚店的改变，赚了20多万元。

如今，他脸上的愁容一扫而光，每天乐呵呵的，如沐春风。

实战案例三：最幸福的张老板

福建某城市，一个原本卖手机的店主，因为周边竞争激烈，每天入不敷出，甚是苦恼。原来他们开的是夫妻店，妻子看到店里生意不好，养家都成问题，于是去别的城市打工去了。

一天，这个张姓老板到步行街给家人买衣服，由于收入不高，他特别喜欢平价服饰店。这一天，他却被一家店吸引了。

这是一家色彩一秀快时尚店，由于刚开店不久，所以他是第一次看到。虽然是新店，但店里的顾客却非常多，而且都是18—40岁的中青年女性。再看周边其他店，基本上都是门可罗雀，人流稀少。

“这个店人挺多的，生意一定很好。”一种由多年开店经验养成的商业嗅觉激发了他的灵感：“我何不也开家这样的服装店呢？”

几天后，张老板便在手机店里进行了疯狂大甩卖。所有手机低价卖出后，他买了到江西的高铁票，来到公司总部，签订了加盟合同。之后装修、铺货，把店铺打造成一个标准的快时尚店。通过营销宣传，吸引了不少顾客。

半年后，因为店里的生意好，张老板兴奋地将妻子接到店里来帮他打点生意，又过起了最简单却最幸福的夫妻开店的生活。

附录：快时尚色彩一秀零库存加盟模式

知名管理培训讲师李践说过，管理越简单越有效。色彩一秀零库存加盟模式也非常简单，概括起来就四个要点：

（一）店面基础装修费用自理

1. 40—60平方店铺费用在3万元左右（不包括灯具），60平米以上另算；

2. 按公司提供的设计标准装修的前提下，可以选择自行装修。

（二）公司收取部分保证金和服务费

1. 甲方（公司）收取乙方（加盟方）货品押金4万元（甲方给乙方免费铺货）、货柜费3万元（店铺面积60平方以内）、服务费0.8万元，共计7.8万元；

2. 合同期限为两年，合同到期乙方将店铺所有货物退回甲方，甲方退还乙方4万元货品押金；

3. 服务费包括：两年的店铺推广宣传费用、开业礼品、开业活动、人员协助；

4. 收银系统：免费提供。

（三）利润分配机制

1. 甲方每月按销售额的38%返上月的利给乙方，甲方负责进货成本以及库存，乙方负责店租等日常开支；

2. 奖励方案：单店年达销售额80万元，奖励营业额的1%；单店年达销售额100万元，奖励营业额的2%；

3. 乙方将每天店内销售额在次日12点前汇入甲方指定账户，甲方财务人员在每月10日前和乙方核对上月账目，确认无误之后，甲方在15日将38%销售额返还乙方。

（四）管理模式

首先，店铺开业期间会专门安排督导下店协助开业，前期开业的准备和需要注意事项都会一一列出并跟客户沟通到位，后续营业中店铺出现的问题都会及时处理，尽可能地以客户为先；

其次，每日三个时间段进行业绩追踪，当天统计店铺经营情况，当天业绩不好的店铺，晚上结业后进行分析并提出整改措施，确保店铺能高效地运营；

第三，每星期都会定期检查门店的陈列、卖场、店员形象等；

第四，每个月都会到店铺巡店，并结合店铺实际情况和需求进行调整，亲身示范带教。

走出国门

伴随着中国经济的高速发展，中国的企业和市场的发展在全球范围内也逐渐被越来越多的国家和消费者所认同，服装行业同样如此。占据着半边天的中国职场女性，用她们多姿多彩的个性和风格，成为职场中一道靓丽的风景，除却她们本身所具备的美丽与智慧之外，自然离不开服装这一经典但又永恒的陪衬。

其实，从中国最近几十年的服装变迁，我们不难看出，服装的发展向来就与女性有着不解之缘。正是她们对于美的追求，让一批又一批的服装设计者不断推陈出新，进而迈入多元化发展时代，快时尚这一深受消费者青睐的行业，才会在各种经典服装风格并立的当下，集众家之所长于一身，迅速占领国内外服装市场，并成为广大消费者的心头所好。

图 1-12　色彩一秀走出国门 1

而我的梦想，也随着与快时尚的邂逅，迈上了一个更高的、崭新的台阶，这不仅让我将以往的设计经验全面充分地利用起来，更让我从一个更高的角度，去重新审视自己的以往和现在。在这一过程中，我所担负的企业经营的使命和重任，也更加推动着我自己不断前行，带动着更多想投身于快时尚行业的逐梦者共同前行。

图 1–13　色彩一秀走出国门 2

正是有了这样的坚定信念，经过三年多的努力，色彩一秀成功地从杭派转型快时尚，团队的规模，也已经从2015年的4人扩展到如今的150多人，销售额与企业人才同时实现提升与成长。

当时，有一个台湾的朋友，因为加了微信，通过朋友圈，他也看到色彩一秀的品牌不错，发展十分迅速。他那时候正在柬埔寨，因为发现色彩一秀的服装在当地也有很好的市场，于是便与我联系并约定好见面。这一次见面，我们很快就敲定合作事宜，包括货品的发送周期、方式、品类等各项细节。

在前期工作充分准备之后，2018年1月5日，色彩一秀成功落户东南亚的柬埔寨，成为中国服装行业最早走出国门的快时尚品牌之一。

但这只是色彩一秀走出国门的第一步，对于中国的快时尚行业来说，它所承载的，还有更多，这不仅是国外消费者对中国快时尚品牌的认可，更是

图 1–14 色彩一秀走出国门 3

对品牌之后的中国服装设计者的由衷肯定。

尽管，走出国门意味着我们需要面临更多的风险和不确定性，但我和我的团队始终坚信的是：不管市场环境、消费者怎样变化，对于服装设计者来说，他们所倾注在每一款服装设计上的用心、精力、诚意和创意，最终都能够通过客户每一次心满意足的穿着体验，而收获满满的成就感和自豪感。这既是来自市场的认可和肯定，更是来自于人们内心深处对于美的追求和渴望。

正如我国古代伟大的爱国诗人屈原所说："路漫漫其修远兮，吾将上下而求索。"对于色彩一秀的未来，我们还有更多的期待和希冀。正如我在2018年3月16日的经销商与加盟商大会上的演讲一样："未来5 — 8年，建立海外分公司10家，让中国民族品牌走出国门迈向世界，让中国服装行业感到骄傲和自豪，让世界女性因色彩一秀更加美丽动人！国威品牌，大众创业，万众创新。"

企业的发展，让色彩一秀肩负起更大的使命。而我，也从当初那个一心渴望让自己穿上新衣服的男孩，逐渐成长为一个企业经营者，在热爱服装设计的初衷下，带领着我的团队、加盟者、经销商，以及背后的中国快时尚行业迈向更大的世界舞台，将中国的设计之美传播到世界的每一个角落。

中篇

我的快时尚经营心得

商　品

作为零售业领域异军突起的佼佼者，快时尚以其迅雷不及掩耳之势快速席卷全球，并迅速占领服装行业的半壁江山，这与其内在的商品运作模式是密不可分的，我们甚至将其称为“商业模式”也不为过。

众所周知，快时尚的发展，给消费者带来的最大的利益，就是以他们能够接受的价格，提供大量的颇具时尚设计的产品。具体来看，最终支撑起这一核心特色的价值主张的关键，就是企业在商品价格和产品新鲜度两个方面持续不断地保持竞争优势，概括起来就是：快速响应与动态款式规划。两者相辅相成，共同推动企业将以往传统服装制作中设计、生产和分销流程从经年累月缩减至短短数周。

第一，快速响应。

这一变化并不是毫无缘由的，传统服装经营中，对于服装企业和经销商来说，最大的痛点，莫过于商品货物的积压，甚至因此而导致不少企业关门。而快时尚的快速响应，可以帮助企业有效地避免这一困境。从广义的市场层面来看，通过货品实际的销售收集消费者对商品的反馈，让企业灵活地避开有风险的生产决策（比如说在销售低迷时进行不必要的采购），直到确定明确的市场需求。尽管这一过程会无形增加商品的制造和货运单位成本，但却有效地减少了冗余库存。

其中，实现快速响应的关键和核心就在于，快时尚商品的运作打破了以往传统零售商按照季度来更新商品系列的习惯，从单个商品着手进行运作，不断满足消费者新兴的需求，同时全面缩短商品的提货期，高效稳定地利用各种资源，结合前期的销售数据提供可靠的市场预测，将商品在第一时间销往最需要的市场。

第二，动态款式规划。

它将快时尚在商品市场潮流中的内涵诠释得淋漓尽致。其核心的动作是在每个季节都保持频繁的款式更新，套用大家经常说的一句话，就是“常更常新”。保持商品每周、每隔两天甚至是每天都有新品上架，时刻带给顾客惊喜与意外，而这确实对那些具有时尚意识和购买欲的顾客，充满绝对的吸引力，极大地提高了店铺客流。

在动态款式规划诸多操作方式中，其核心要点在于，既保证店铺商品的持续上新，又不对店铺内的同一时间段的商品带来重大的影响。在传统服装经营中，最常见的现象，莫过于每次新品发布会之后，以前的老款商品就面临着降价、打折甚至挥泪甩卖的情形。

但经营快时尚店铺时，就不会出现同样的情况，因为所有的商品上新都遵循着市场需求第一的规则，快速响应市场变化和需求。其中，结合我们在实际经营中的体会和感悟：对于店铺中需求稳定的基本款产品应该在整个季节中陆续上架，在满足不同时段顾客需求的同时，也起到店铺商品花色品种更新的作用；那些生产成本不高、过时速度不太确定的商品，一旦发现需求减少就应立即推新。

正因为快时尚充分运用好“动态款式规划”和“快速响应生产”这套组合拳，并以它们为企业发展的基石，才造就出这种快而不乱、真正具有吸引力的商业模式。如果我们再仔细观察其中的佼佼者，会发现无一不遵循着这个规律。

一件海恩斯莫里斯（H&M）时装从设计到出现在店面只要20天。为了降低成本，维持平价策略，海恩斯莫里斯（H&M）没有自己的成衣厂，制造完全外包给900家工厂。为了拿到最好的价格，公司精挑细选外包对象，这些工厂分散于全球21个工资最低的国家中。

飒拉（ZARA）也不例外，商品从设计、试做、生产到销售，平均只花三周时间，最快的只用一周。飒拉（ZARA）在战略上采取了快速、敏捷、多品类、小规模、大终端的竞争战略，招募了480人的庞大的设计师队伍，同时在巴黎、米兰、纽约等时装时尚发布地建立了完备的时尚情报站。

同样，色彩一秀在前期商品研发阶段时，我们的设计师会大量地看款，从众多款式中精心挑选出最符合当前时尚潮流的款式，同时结合公司的产品定位，快速融入创意和创新的理念。

这一系列动作要在短期内快速完成，对产品研发者、企业经营者也有很大的挑战。但我们并没有因此而退却，一方面源于我和我的团队过去多年在设计领域的耕耘和累积；另一方面，也源于我在总结自己多年服装经营之后的深刻感悟：对于企业来说，最怕的就是产品卖不出去。

色彩一秀深谙这一痛点，在商品上市之前，我们会用做产品的思维反复思考，从客户的角度去思考，到底应该为客户提供怎样的产品，才能让他们从产品卖不出去、找不到新的业绩增长点、多年来停滞不前的煎熬中摆脱出来，让每一款产品都使顾客尖叫并疯狂购买；让客户不买的时候记住你，想买的时候指定你，持续不断永远只向你购买？

为此，在整个商品运作上，我们采取买手制方式，从众多款式中优中选优，确保每一周都有足够多的新款上市，并且在花色、质量、商品周期上都严格把关，让客户能第一时间从色彩一秀了解当前的时尚和潮流，真正买到质优价廉的潮流服饰。

同时，落实到店铺货品的管理上，我们会根据每一个店铺实际的面积来进行铺货，然后再结合其销售业绩，每周进行两次货品更新，并设定货品检查标准，具体到店铺的面积大小、销售业绩、库存量等多项指标严格把控，并进行定期抽查和整改措施。此外，灵活高效的积分制管理模式，也让店铺的商品管理与员工绩效挂钩起来，激活员工积极性的同时，也激活店铺货品管理和公司商品运作模式。

2018年，公司在借鉴色彩一秀快时尚快速发展优秀经验的同时，进一步推出韩尚菲这一全新品牌，其整个运作同样充分地融合了快时尚商品运作的经营理念，势必会为公司带来更多客户和受众。

图 2-1　国威服饰新品牌韩尚菲 1

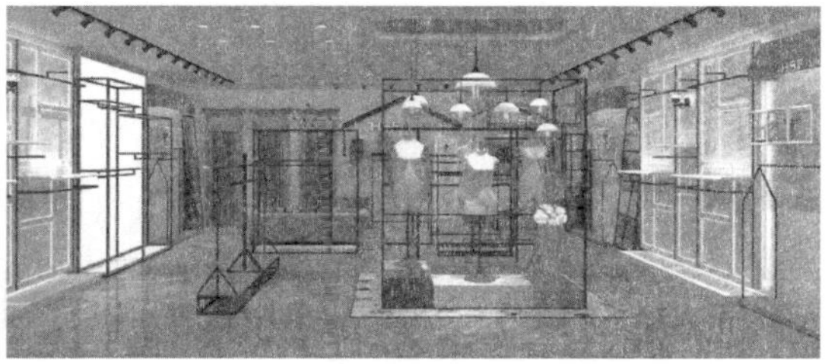

图 2-2　国威服饰新品牌韩尚菲 2

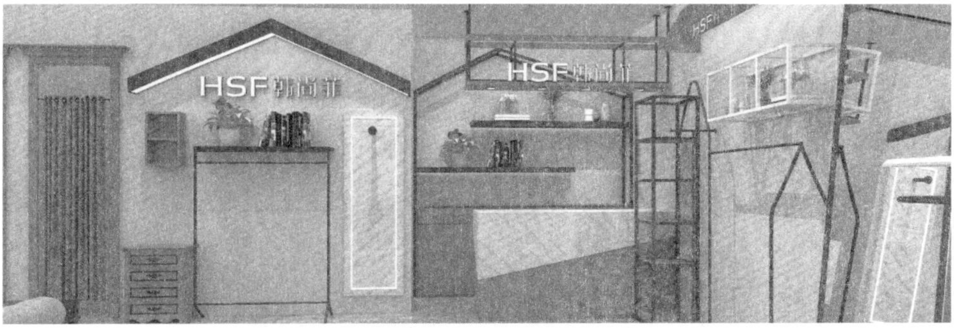

图 2-3　国威服饰新品牌韩尚菲 3

图 2-4　国威服饰新品牌韩尚菲 4

选址是制胜法宝

店址即店况，店铺选址对经营有很大的影响。如果一家服装经营不能选择合适的地点，后续的经营和销售也必然无法达到理想的状态。有人说："店址选择就是一种财富命运选择。"在色彩一秀店铺选择上，我们也曾充分研究了飒拉（ZARA）、海恩斯莫里斯（H&M）、优衣库等快时尚品牌，并及时向专家请教，最终在实战中形成了色彩一秀独特的选址特点：

第一，繁华闹市是快时尚店的绝佳选址点。

快时尚主打年轻人市场，以年轻前卫、充满街头感的设计风格取胜。其成功的制胜法宝为较多的款式、较好的设计、较低的价格，所以店铺首选年轻人多的繁华闹市，而商业街就是必选之地。首先要确定好商业街在该城市定位是A类还是B类：对于A类商业街，只需要确定好具体的店铺位置，而B类则需要精选其中较好的位置。商业街选定之后，接下来还会看是人少还是人多的街，辨别的方法很简单，就是看街上有哪些知名的服装品牌，它们店铺是否够密集。

2017年9月，色彩一秀在Z市的一家新店进入开店选址筹划工作当中。在这座繁华的城市，年轻人的时尚市场竞争十分激烈，稍有不慎便会遭受重大损失。

于是，我们从开店的第一步选址开始，便进入了紧张的筹划、调查、交流思考状态，希望我们的付出能够获得更好的回报。

图 2-5　色彩一秀新店开业酬宾活动 1

由于Z市属于三四线城市，租金虽不昂贵，但各行各业店铺众多。我们要想打下一片天下，有自己的根据地，第一家店的开店就必须取得成功。经过调研，我们决定在市中心的步行街上开设店铺。通过调查发现，这些地点虽然租金相对较贵，但客流量大，很多出门逛街的本地人都会进店挑选，只要女装款式时髦，价格便宜，一定能卖翻天。

图 2-6　色彩一秀新店开业酬宾活动 2

我们同时也在思考，是否可以把新店开在郊区偏远位置，满足距离市中心较远的一些消费群体。不过我们又考虑到，一般而言，郊区位置的消费者普遍消费能力有限，这会直接影响我们的销售业绩与利润，所以开店选址确定在郊区被一票否决。

著名的清明上河图，展现的是宋代街市热闹非凡的景象。古人尚知繁华闹市的重要性，何况21世纪的我们？开店赚钱，重要的就是选择合适的地址。一个好的位置能为你的店铺打好基础，为以后的经营，增加无形的流量。流量大自然业绩好。

第二，高档社区周边。

除了繁华闹市，我们发现，定位比较高的快时尚，文艺青年比较喜欢，在高端社区或者是海外人士集中居住区的销量比较好。但要想找到高档社区的好店铺开店，首先要了解城市及区域规划。值得注意的是，新兴社区入住率偏低，消费规模难以支撑商铺经营。但从长远看，社区商业的远景较好。

第三，店铺离交通站点越近越好。

国外称之为“TOD”导向，即商铺经营受制于公交线路。因为，公交站点汇聚上下班人流，周边的店铺自然会受到青睐。尤其当前非常流行的O2O模式的店铺来说，快时尚店设在公交站点附近，便于年轻人利用上下班时间来体验，接着在网上下单赚取网销折扣的实惠，最后去店内取衣回家。

第四，商场中的店铺选低不选高。

商场仍是年轻人的聚集地，尤其开设有美食、美容等生活服务的商场。

需要注意的是：顾客在商场低层行走购物最省时、省力，很多人不愿往上走，因而店铺低层往往比其他楼层创造更高的盈利。为此，在择铺时，选择一二层比选择三四层店铺要更具有经营上的安全性。换言之，一个商业楼的层高与其经济效益成反比关系，即楼层越高，销售越低，从而利润就会越少。这是由顾客的购物习惯与消费心理决定的。

第五，“金角，银边，草肚皮”。

在一条商街上要选择“角”与“边”上的铺位。“金角，银边，草肚皮”是商业内流行的择址、选铺的要诀。一条商街的经济效益并不是均等的，街角上的铺位是择铺首选。街角汇聚四方人流，因而街角商铺因人流多必带来财气旺。“边”是指一条街两端的铺位处于人流进入的端口，也是刚进入商街的客流有兴趣、有时间高密集度停留的地方，商铺生意由此兴旺。“草肚皮”则指街的中间部分，因客流分散、购物兴趣下降、行走体力不支而使店铺客流量骤降。

第六，找到客流才能与同类品牌同行。

对于开店创业的经营者而言，最惧怕什么？相信很多人会讲，惧怕竞争。其实，竞争并不只代表经营压力，竞争还代表着客源，代表着市场，如果我们放弃所谓的竞争，就同时放弃了大部分市场。如果一家店铺单独出现在某一区域内，而这一区域内没有其他同行，那么这家店铺的发展必定是缓慢的，甚至是有危机的。原因非常简单，因为单独的一家店铺商品缺乏同行的对比，各种特点都无法展现，所以在大多数消费者眼中，这家店铺是毫无特色可言的。

第七，与周边业态互补。

这一点是我们通过对一二线城市的调研而得出的结果。如果仔细研究，就会发现，现在的年轻消费者越来越依赖网购，一个有趣的现象是，人们更多时候只是为自己找一个逛街的理由——因为周边餐饮、社交等业态丰富，可以实现一站式的需求满足。

第八，用好城市当地的经营者。

这一点值得注意的是，快时尚和传统店铺的经营，也有着其相同之处，尤其是在新的城市扩张时，肯定要充分了解当地的市场和特点，而对于该城市的一些加盟商，就十分有必要把它们调动起来，为新店铺的选址出谋划策，最终选出最理想的位置。

除了必要的选址策略之外，色彩一秀店铺选址的另一个强大支撑，就是我们敢为人先的招商和市场部，他们都是精兵强将，经常穿梭于各个城市之间，将第一手的市场店铺动态和信息收集回来，为新开店铺选址快速提供策略和资源支持。

同时，对他们的业绩和绩效严格把关，也是强有力的助推剂。例如，一

图 2-7 色彩一秀招商大会现场爆满

个市场部招商的员工每签下一个店铺，我们会给予3 000元的奖励，但如果签下的这家店铺当年做不到70万元的业绩，会扣除绩效3 000元，但如果当年超过100万元，则又可以拿到1万元奖励，所以他们会不断开发好的店铺。这样实行之后，给到他们足够的弹性空间，也让他们敢于奔赴市场一线，与竞争对手正面交锋也底气十足，拿下一个又一个黄金店铺。

督导团队是成功的保障

当初招督导时，现场应聘者有100多人，经过初步面试，10个人比较符合我的录用原则。但我只需要8人，到底录用哪几个呢？于是我请他们吃饭，一一与他们面谈并开展职业背景调查，最终选择了其中最有干劲、品德最好、性格最好的8个人，这8个人中有4个人个性最为突出，业绩也是最好的。她们分别是：谢敏红、马艳香、邓欢和谢玲。

图 2-8　色彩一秀集训营

谢敏红，信心百倍，做事很有拼劲，目标明确，而且不达到目标不罢休。

马艳香，性格开朗，销售能力强，为人随和，能与团队打成一片，而且愿意分享，把自己如何开店、如何管理店铺、如何成为卖货高手、如何管理团队等成功经验与大家分享，团队的伙伴们有问题也愿意问她，而且她也会耐心地解答。久而久之，有时候伙伴们生活上遇到不开心的事，遇到什么困难，也愿意向她诉说，找她解决。她也非常乐意帮忙，倾听别人的倾诉，给出解决方案，她简直就是团队凝聚的“吸铁石”。

邓欢，了解消费者的心态，善于管理团队，调节团队气氛，增加团队凝聚力与活力。她给团队开会时，慷慨激昂，感情充沛，气势高涨，能全面激发员工潜力。

谢玲，她是一名九〇后的女孩子，刚来公司时性格很内向，经过一个月的培养与训练，她慢慢放开了，不但突破了自己内向的性格，还成了叫卖高手，很受大家的欢迎。

下面，让她们自己来说说在色彩一秀的成长故事和感受吧！

谢敏红：只要想做就没有做不好的事

我叫谢敏红，2017年2月来到色彩一秀任职督导。来公司之前我自己经营过店铺，做过一些小生意，但是对督导这个岗位概念还是比较模糊，应聘的时候怕自己做不好，可是谢总对我说，他不怕我不会做，就怕我不愿做。

“只要想做，就没有做不好的事。”谢总坚定地说。

听谢总这么说，我也就无所畏惧地来到了色彩一秀这个大家庭，因为我相信我不会让他失望，虽然有不懂的地方，但我是个愿意学习的人，也是个敢于挑战自己的人。

进入公司后，谢总给我们督导安排了一系列的专业培训，如服装的陈列及搭配技巧、店铺的运营管理、销售技巧等。经过这些培训课程及同事们的耐心指导，我很快就融入到工作角色中。我试着去管理经理分下来的店铺，管理中当然会遇到形形色色的问题，比如其中一个店铺，业绩不太稳定，经营的老板和店长都感到头痛。了解到这个情况后，我就自己下店去了解店里的情况，结果发现店铺销售人员的状态都比较懒散，卖场也比较杂乱，我当时就决定留下来，给自己设定了目标——把店铺销售带上正轨才可以回家。

接下来，我对店员进行了一系列的带教，从销售技巧、陈列搭配和心态调整三个方面下手，一个星期后，店铺销售人员状态也明显地好转，至此，我才踏上回南昌的归途。回到公司后，也做到每天的沟通及维护，功夫不负有心人，之后，这个店铺的业绩直线上升，店铺老板营业一年后，开着宝马车来南昌总公司报喜，每次见到我都乐呵呵的。

诸如这样的案例有很多，虽然有时候会很辛苦，但是只要客户的业绩稳定，我们付出再多的辛苦都是值得的，这就是我们每个督导的职责。我们的服务宗旨就是把每个店铺的运营带上正轨，做好维护，让每位老板盈利赚钱！

经过一年多的磨炼，我从一个“小白”到现在能够独当一面，感谢公司同事对我工作上的热心指导，感谢谢总对我工作的认可及鼓励支持。如今，谢总已将我从督导提升为运营主管，我也会用我的行动来回报谢总对我的认可！

在这一年多的时间里，我们见证了色彩一秀在全国各地的快速发展，从我刚进公司的几十家门店，到现在遍布全国，离不开我们客户的支持。感谢尊敬的客户们。

我们坚守谢总经常教导给我们的承诺——一辈子只做一件事，一件事成就一辈子！

马艳香：自信就是不再自我设限

我是马艳香。很荣幸谢总能给我实现自己人生价值的机会。

时光似箭，转眼间，来到色彩一秀近一年了。在这一年中我的工作是忙碌而充实的，领导的指导和关心，同事的帮助和鼓励，让我取得了一定的成长和自我突破。其中最为明显的就是自信和不再自我设限。

回顾这一年，我想对自己说：加油，你很棒。以前的自己只会简单地销售，每天忙碌的是卖货，日复一日，年复一年。我常问自己这就是我想要的生活吗？除了销售，其他一窍不通。

当我徘徊在人生的路口时，一个偶然的机会听到色彩一秀在招聘督导，想试一试，但又怕自己没管理经验应聘不上，犹豫来犹豫去，最后还是决定去试试。就这样忐忑地来公司面试，当时负责面试的人员正好休息，机缘巧合，谢总直接面试我了。大老板直接面试，这让我压力更大了，他问一句我就答一句。谢总可能看出了我的紧张，就疏导我，让我像跟朋友聊天一样。就这样聊着聊着，想不到我的面试成功了！

满心欢喜的同时，我在心里默默对自己说，这是一个好机会，一定要好好学习。

正式上班后，我发现公司很人性化，对我们新来的员工很照顾，安排老员工对我们进行指导和带教，帮助我们直到能独立管理好自己的区域才放手。

做督导有一个必备技能“喊麦”，有一次和同事下店，要截流“喊麦”，心想这可难倒我了，看着同事倒背如流的一套又一套的“喊麦”词，我尴尬不已，想开口又不知道如何开口，感觉大街上这样“喊麦”，让路上的行人全看着你，多不好意思呀。后来同事跟我说这没有什么不好意思的，你叫出第一句，后面就顺畅了，你就当作在玩就好，把别人的目光当作赞赏的目光。

想想也确实是这个道理，我们下店就是带教店铺店员来的，如果自己都不会、不敢，怎么去教别人，又让别人如何信服你？于是就下定决心，逼自己一把。刚开始还是有点不习惯，叫着叫着就会忘词，经过几次练习，终于“喊麦”成功了。这也让我明白，很多事情不是你做不到，而是取决于你想做这件事情的决心，一个人最大的对手不是别人而是自己。

我知道自身的短板，欠缺一些沟通和管理方面的经验。每天，从店铺打过来的电话不断，几乎没停歇，面对这么多问题，我有一点无从着手的感觉，甚是烦恼。就在这个时候“救星”来了——谢总发现我工作中遇到的问题，细心地帮我梳理工作内容，让我有了明确的方向，并且还给我报了店铺管理的课程。遇到这么肯对员工付出的老板，我感到很幸运，愈发加强了我要好好干的决心。

经过这一年的学习和公司的指导，我收获颇丰。如今的我，已经没有了初入公司的迷茫，有的是把事情全力做好的决心，现在下到店铺也知道如何去观察和帮助店铺，如何去满足客户的需求，如何去将自己学到的东西应用到店铺管理去……借用谢总一句话：做自己不敢做的事叫突破，成功等于努力加坚持。在今后的工作中我也会一直秉持乐观自信的心态去积极地面对我的工作。

看到自己的成长我是开心的，看到公司的成长我是惊讶的。在这一年里，公司取得了显著的成绩，成为快时尚女装品牌中的佼佼者，也成为我亲朋好友经常光顾的品牌店，每每看到这些，我内心满满的骄傲，这是我工作的地方，我是这个大家庭的一分子，我感到无比的幸福和自豪。接下来，我会更加坚定地跟随着公司的脚步，把色彩一秀推向世界的各个角落。

让我们携手共进，加油！

邓欢：和大家一起创造奇迹

我是邓欢。很高兴谢总能给我这个展现自己的机会。

时间像长了脚似的跑得真快，一转眼我进入公司也一年多了。在这一年里，我除了收获了许多知识以外，还遇到了指引我走出迷茫的上司和同事。回顾刚进公司的自己，与现在相比，这种成长来自一种泰然、一种对自我的信任，多了一份对生活的从容，少了一份急躁。

至今记得进公司的前三天战战兢兢的状态，迫切的求知欲与无从下手让我矛盾不已，感觉自己到哪都尴尬，快要坚持不下去的时候，是我的老大细心地给我梳理好工作内容，给我加油打气，让我感觉到自己并不是一个人，更让我明白了一个道理——人不能给自己退路，逼自己一把，也许一切皆有可能。

直到一个月后，才渐渐厘清工作，步入正轨。正当我打算定下心好好工作的时候，一个诱惑出现了。一个很熟的朋友推荐了另外一个品牌，待遇方面也很优越，这个时候说不动摇是假的。可是最后我还是留了下来。我想读者朋友们也很好奇吧？且听我一一说来……

我们的“领头羊”谢总每天不分日夜地工作，我们在休息时他依旧在工作，一连几个月都没有过节假日，我们喊累时他会给我们细心关怀，加油打气。我看到他每天都是以最饱满的状态面对我们，他难道不会累吗？错，他其实是最累的一个，但是他从不喊累，他说现在累是为了更好的明天。身为领导，他永远是满身正能量地给我们作榜样、竖标杆。

于是我决心留下来，我要好好干，我想成为像谢总这样满怀斗志的人，跟着这样一位充满正能量和激情的老大奋斗，人生一定会有惊喜。

进入公司短短几个月后，就被提升为督导主管。我内心是激动的，这种情绪并非来自更好的工资和待遇，而是来自公司对我的认可。不想当将军的士兵不是好兵，我也不免俗，职位越高责任越大。我心中有了一个更大的愿景：我要对得起伙伴们的认可，做好大家的榜样，和大家一起创造奇迹。

工作中难免会遇到很多困难和挫折，有一次下店做销售业绩突破，令我记忆犹新。那是一个大家都失去信心的店铺。难道因为大家都否定它，就要把它放弃吗？我内心有一个念头：不！我一定要试试，不迈出第一步怎么知道做不到呢？功夫不负有心人，经过不懈的努力，我们做到了，店铺业绩环比增长200%，同比增长300%。这个时候看到大家发自内心的笑容和以后一定能把业绩做好的信心，心里充满感动与骄傲。这让我更明白一个道理，坚持到底全力以赴，勇于对自己说：“你能行！你可以！”所有困难都会被击破。

在此后的工作中，我依旧会怀揣这份执着和热情，认真对待工作中的每件事情。我知道，一只木桶能装多少水，取决于最短的那块木板，所以，仅仅怀揣对工作的热情是远远不够的，还应该不断提高自身各方面的能力。工作之余，我不断地学习团队建设、销售知识、沟通技巧和陈列搭配……如果你想活成自己心目中最想要的样子，就不要老是怨天尤人，不以物喜，不以己悲，一切美好都在未来等你。毕竟生活给予了我们经历，只要你自己够努力，就没有过不去的火焰山；只要你坚持到底，永不放弃，你就能到达成功的彼岸。

我很庆幸当初选择留下来，才能有现在的成长，也很荣幸能够成为公司的一员，我会跟随公司一起奋进，让色彩一秀走向全球化。我相信越努力越幸运——一群人，一条心，一个目标，一起拼，一起赢。加油！

谢玲：成长和突破很重要，改变更重要

我叫谢玲，很高兴能在这里谈谈我的成长经历。

自2016年9月加入色彩一秀以来，我在公司已经历两个寒暑。刚入职公司时，我也是一个什么都不懂的新人，所以我应公司安排去了直属门店做一名普通的导购，在这段时间里，我学到了很多。

第一，熟悉店内的货品，练就了一眼就能看出什么衣服适合什么顾客的本领。

第二，掌握顾客心理，这一点是最难的，通过顾客进店时的穿着和进店后的浏览，判断出顾客想要什么样的衣服。

第三，专业技能的提升，做到专业的建议和搭配，让顾客选到不仅自己满意、连她周围的朋友都会满意的服装。

第四，增加自己的知识面，多掌握与自己工作有关、与顾客有关的知识，和顾客聊天的时候能找到共同话题。

第五，建立顾客档案，留下顾客的资料，便于为顾客更好地服务，满足顾客的需求。

在基层的工作是最能锻炼人的，这对新人来说非常重要。就这样，不经意间就在店铺工作了一年，我也从刚进店铺时的销售“菜鸟”变成了“老鸟”。

2017年3月，谢总问我是否愿意成为一名督导员。我并不清楚督导的工作是怎样的，但我能感觉到，这是一个更具挑战、责任也更重的工作。我怕自己不能胜任这个职位，谢总却鼓励我说：“人生总要经过多番尝试，不把担子压在你身上，你永远不知道自己的极限在哪里。所以，不要怕做不好，尽自己最大的努力就可以了。”

我记得谢总经常跟我们说：做自己不愿做的，叫成长；做自己不敢做的，叫突破；做自己做不到的，叫改变。

我决定挑战一下自己，我相信只要做到全力以赴，就没有做不到的事情。

作为一个刚刚进入督导新环境的我，有太多新知识需要学习。在领导和同事们的帮助下，短短几个月，我的督导技能也得到了很大的提高。在这里，我要特别感谢我的领导和同事，正是因为有了他们无微不至的关怀和不厌其烦的帮助，才使得我从紧张的情绪中解放出来，很快适应了新的工作环境，全情地投入到工作当中。

担子重了，责任大了，生活也越来越忙碌。但作为色彩一秀的一员，我们就应该具有一不怕苦、二不怕累的精神。

在这两年里，我亲身经历了公司的发展，公司本着“高品质，低价位”

的经营宗旨，依托国内百余家品牌女装一线精品供应商的支持，精选近万余种品牌款式供我们的客户和消费者选择，通过零库存的经营理念，使我们终端消费者零距离享受品质生活。当然，这些仅仅只是开始，色彩一秀的未来不可限量。

我由衷地感到骄傲，感到欣慰，因为公司的成长也就是我的成长。最后，我用下面这句话与大家共勉——

色彩一秀的目标是成为色彩世界的星辰大海。

图 2–9　学习是最好的成长方式

做店长就是带王牌战队

俗话说："火车快不快，全靠车头带。"开店赚钱，最重要的角色是店长。店长看似职位不高，但同时身兼管理者与经营者两大角色，所起到的作用关乎店铺乃至整个企业的发展。

色彩一秀打造王牌店长的方案：一家合格的快时尚店必然有一名王牌店长，并且在王牌店长之下还有一支王牌战队，这是成功店铺的标志，也是我们成长发展的基础。

具有打造王牌销售战队能力的店长所应具备的能力如下：

1. 具有强大的激发能力。

在店长的领导下，店铺所有导购都会展现出强烈的工作意愿，勇于提升，乐于发展。这并不是单纯依靠店铺激励制度产生的效果，而是店长通过人员激励、经验传授、技巧指导之后产生的良性效应。

色彩一秀的店长培训中强调：人是理性与感性相结合的动物，对于一线导购员来讲，对其工作的肯定与薪金是同等重要的。因此，可以酌情在专卖店设立各种不同名目的奖励方法，来共同激发员工的工作积极性，比如：

最佳服务奖——接待顾客细心周到、和蔼可亲；

最佳协作奖——能够及时有效地辅助主销人员完成销售工作，积极支持他人工作；

最佳激情奖——对各类工作充满激情，并能带动其他员工活跃卖场气氛；

最佳建议奖——能够提出可行化建议，并能够为他人积极传播自己的销售经验；

最佳万金油——面对投诉及突发事件能够妥当处理，合理善后。

……

设立各类奖励方法，是为了能够让每个导购找准自己的位置，发挥其应有的特长。人不是十全十美的，一些员工善于销售，一些员工却能够处理一些应急突发事件，作为终端管理者来讲，只有将每个人的能力激发出来，并将其凝聚在一起才能打造一个和谐并具有战斗力的王牌战队。

2. 具有以身作则、做榜样的风范。

成功的店长首先是一名合格的导购员，我们与其对导购员进行大量的书面营销指导，不如以身作则，用事实说话，将各种营销方法、营销思维展现在现实工作当中。如此一来，不仅店铺销售业绩会上升，而且会使导购员对店长各种营销技巧的传授理解更到位。

3. 具有强大的感染力。

一个拥有打造王牌战队能力的店长一定要培养自身的感染力，即如何有效影响他人、改变他人的能力。

店长的感染力比指导、督促更有效果。在店长的感染之下，导购员会自主模仿店长的行为，并用高标准要求自己，这是店长打造黄金战队的前提条件，也是店铺竞争实力增强的重要表现。

4. 能将各种管理理念、培养方法转化为有效的实际行动。

这并不是单纯要求店长以身作则，而是要店长关注店铺整体的表现。例如，店长提出一种营销方案，他可以将工作的每一个细节、每位导购员的责任划分得清清楚楚，从而使店铺经营管理过程中的一切工作都井井有条，店铺发展呈现积极向上的状态。

某地级市色彩一秀店内，店长为所有导购员进行营销技巧培训。这位店长讲道："营销需要根据不同的对象采用不同的方法，以年龄偏大的顾客为例，这类顾客消费观念相对保守，她们对商品的价格更为重视，因此我们需要采用恰当的营销方式。例如，重点向这些顾客突出商品的性价比，从她们对时尚和潮流的追求为切入点进行交流，或者附赠一些小礼品之类，这些营销方法更能够打动这一顾客群体的内心。"

我每次出差都会在色彩一秀店内遇到这样的场景，正是这些店长的细心与努力，店铺的销售业绩才会得到提升。

5. 店长就是"家长"，让员工不止感受到工作的乐趣，更要感受到家的温暖。

一个店铺、一个团队中的员工，就好比是一家人，只有彼此惺惺相惜，利益统一，团结一致，共赴磨难，万众一心，才能创造出更好的成绩，这也是我们色彩一秀所关注的。

Y 市店导购员小李是从农村来的打工妹，刚来到 Y 市的时候连普通话都不会说，又因为学历不高，一时间很难找到合适的工作。

后来，小李来到了色彩一秀的店里应聘。通过沟通交流，该店店长发现，小李是一个非常勤奋、非常聪明的小姑娘，只是因为普通话不够标准，所以在应聘导购员的过程中被大多数店铺拒绝。但是她想到，小姑娘只身进城十分不容易，而且又是一棵好苗子，只要多加培养一定可以成为店铺的主力。

于是，在充分结合公司用人标准的前提下，她直接收下了小李，并且利用业余时间对小李进行耐心指导。小李回顾这段经历的时候经常说："那段时间真是辛苦店长了，我讲话口音比较重，所以练习普通话比其他地区的人更有难度。但是她从来没有抱怨过，更没有放弃过我，而且还自己花钱给我买了不少语音课，让我在业余时间多听、多学习。那段时间，由于我普通话不到位，很多顾客都是她帮助我一起接待服务的，平时店铺里的工作已经很忙了，她还要分担我的工作，让我十分感动。从我出生以来，只有家里的亲人这样为我着想过，所以我现在把她当作自己的亲姐姐，只要她指示，我一定尽最大努力办好。"

另一个让小李感触特别深的地方就是，进入色彩一秀之后，由于公司对店长充分授权，让店铺的工作开展得十分迅速和高效。就拿她们店铺来说，因为是直营店，一个店铺设1个店长、2个领班、6个导购，1个领班带3个导购，分为两组；在排班上分为 AB 两班。每一天 AB 两班进行 PK，然后每周也有业绩 PK，更为激烈的是，每个小组内部还有个人业绩 PK。因为所有导购都想争做业绩第一名，所以每一天、每一周的业绩都十分稳定。小李回忆业绩 PK 时说："确实，这样的 PK 让我们每一天都有压力，但是有压力才有动力，刚开始不习惯，但是逐渐进入状态之后，要是哪天没有人和你进行 PK，反而会感觉不自在了。"

对于员工而言，店铺、企业最好的经营状态是什么？必然是店铺为家、企业为家。这是目前市场中大多数企业、店铺所追求的发展境界，同样是大多数员工渴望的工作环境。不过就市场现状而言，大多数企业、店铺都无法为员工提供一份如家般的温馨，因为很多店铺、企业中缺乏优秀的家长、家人，由此员工自然无法产生家一般的感受。

增强导购员工作乐趣的方法主要有两种，第一点是增强导购员基础实力，减轻导购员工作压力。这是很多店长可以做到的一点，同样这也属于店长的分内工作。第二点至关重要，提升导购员的团队配合能力，增强团队的凝聚力。导购员在工作的相互配合之中不仅可以提升销售业绩，而且可以相互借鉴学习营销方法，更重要的是这种行为可以营造店铺内部团结愉悦的工作氛围。所以，将店铺导购员凝聚成为一支团队，对于店长而言是工作的重中之重。

同时，在店长团队的建设上，色彩一秀始终坚持自己的用人理念，从用人的源头——选人环节即严把关口，建立高标准。

在选人标准上，我一直坚持，看一个人靠不靠谱，就看三点：一是凡事有交代，二是件件有着落，三是事事有回音。真正成熟的人，就是事事有责任、事事有担当、事事有始有终。在选人方面，我本着品德第一、能力第二，品德与能力突出者优先选用的原则。

以运营总监招聘为例，记得在2009年招运营总监的时候，当时来应聘的有80多人，最后有5个人比较符合我的用人标准。这5个人到底选谁呢？于是我便请他们吃饭，在酒桌上看他们的表现，饭后与他们一对一聊天，经过观察，发现小陈和小李比较符合我的要求，我又做了详细的背景调查，了解他们为人处世情况。

结果发现小陈比较忠诚，努力勤劳，做事有始有终；小李稍微有些浮躁，急功近利，但做事业比较踏实，认真负责。于是我让他们每人写了一份商业计划书。

小陈写得比较详细具体，提出公司发展中可能遇到的问题并拿出可行的解决方案，实事求是，能根据目前公司的发展现状，提出问题并解决问题，说明他进公司前已对我们的公司进行了深入了解。

而小李的方案虽然也提出了目前及以后公司可能遇到的问题，但就在提出解决方案这一块，他所说的不合实际，比较架空，不符合公司的实际发展需求，显然他并没有对公司进行了解，他是为了比以前更高的工资而想跳槽到我这里的。他以前的公司工资是1.2万元，我给他开的工资是1.5万元，而且提成也比他所在的公司工资高。所以这是他想急于到我公司的根本原因。他甚至曾说，如果我接纳他，他将带一个团队到我公司来。我当时就有一种想法——这样的人不能要，他把他的团队带来，那么他原来的公司势必遭遇人员的巨大变故，这是一种不负责任的态度。他若来我这里，将来干一段时间，其他公司出的工资比我出的高，他岂不把我的团队带走吗？因此我坚持不要他，而是接纳了小陈。

小陈比较真诚，通过朋友调查，口碑也好。当谈到具体入职时间时，他说他要一个多月才能离职。我说："这很好，说明你做事有始有终，我等你。"于是等了一个多月，小陈如约入职。

入职后我对他说，我给他1.5万元的底薪加千分之三的提成，并说我们前一年做了3000万元的利润，以后还会增加，让他放心，工资不会比原来的低。

他说好，他一定好好干。我便给他安排任务，他招人，我审核，计划要在三个月之内搭建销售团队。他非常卖力，有一段时间，我们中午出差到外地，晚上凌晨两三点才回到南昌，休息了几个小时，第二天早上八点就得上班，那一段时间我看到他的眼圈都是黑黑的。

就凭着这股拼劲，不到一个月，他就组建好了销售团队。每天努力地工作，业绩做得也非常突出。

小陈来的第一年（2009年）业绩便做了4800万元，比原来提高了1800万元，业绩提高了工资也就提高了，小陈的干劲也就更强大了，到了2010年我们的业绩突破7000万元，到了2011年做了9000万元。

另外，他对客户不蒙不骗，很乐意帮助客户。有一次生产一款服饰，当天必须完成订单量。这款服饰由于是新款，布料品质要求很严苛，而且这种布料平时在市面上不常见，比较稀少。因此在预买布料时只是少量买了一些，生产时没有布料了，而布艺公司还在生产同类布料中。货物短缺，而客户又急等着要货。小陈了解到这种情况，为了保证客户能拿到衣服，他立即自己带着下属去布艺公司等货，一生产出来就提到我们的车上往公司运。这本不是他的工作，他因对客户的承诺，使命必达地热心去做。因此公司同事对他评价都高，他与他们也都聊得开，互相帮助。

这源于我自己的选人原则，凭借这些原则，为公司选出了一批又一批优秀人才，促进了公司队伍的强大，给公司带来源源不断的活力，不断创造出新的业绩，新的传奇。简单总结起来，主要分为以下两点：

第一，用人。

我在用人方面主要以业绩说话。有品德的但能力差一点的我会培养他、带他。这里最鲜明的案例就是我的厂长和设计人才的选用。

公司自成立至今总共找了四个厂长，第一个厂长就是和我一起创业的老乡（这在前面已经说过），他努力刻苦有干劲，但待人太严厉，不能以德服人。

导致很多人怨声载道，纷纷离职，我把他换了下去。

第二个厂长是我招的，他一开始认真负责、干劲十足，但工作时间长了，就发现他工作比较散漫，没有责任心，不能以身作则，需要承担责任的地方他不能承担，把责任推卸给其下属，我发现后也把他换了下去。

第三个厂长比较努力，刻苦，有责任心，能以身作则，但他做事没有计划，没有目标，没有领导的闯劲，不会下达指令。每天如无头的苍蝇，需要别人的指点，别人给他出主意，安排计划。最主要的还是他经常吃回扣，公司因此损失了不少钱，最后我也把他换了下去。

最后一个厂长就是夏厂长了，跟我已经也有六七年了。夏厂长以前在温州老板那里干过，因此我们的关系也很好，我们一起共过事，后来我们一起跳槽进了秋水伊人。

到了秋水伊人，我们被分到不同部门（我在设计部，他在生产部），不能经常见面了，但我们还是经常保持联系。

就这样，夏哥做了我的厂长。夏厂长做事有拼劲，有目标，对人忠诚，待人随和，这是我以前就知道的他的品德。所以他加入我们后，我的公司取得了很大的发展，每天都能保质保量完成订单。

后来他中途有事回家，其间我又回到了原来的状态，找了几个厂长都不太满意，连续两年换了三四个厂长，直到夏厂长回来，我的厂又恢复了往日的活力。

第二，育人。

在育人方面，我以身作则，先充实自己，并带管理者一起去听课学习，之后再在公司做培训。

公司会提供不定期的学习机会，门店店长每月都可来学习，表现优异的店员也可随同店长过来学习。每个月各有两个名额，经过一个月的考核，得分最高者才能拿到此名额，这样店铺就有了良性的竞争。店铺每天有早会、时段交接会和晚上的总结会。早会安排好一天的工作，当日目标，昨日回顾分享，激励店员。交接会将当天公司下发的一些通知及未处理的相关事项告知另一班的伙伴。晚会总结一天做得好的与不好的，好的进行表扬，不好的提出改善方法，下次避免，上传下达高效的运作。

并且，对于新员工我们会有一个前期的实习期考核与培训，让新来的小伙伴知道我们一个整体的操作规程，并且通过这一观察期我们也可进行有效地筛选，给员工树立良好的价值观，只要你足够努力我们就提供给你无限的平台。对于店铺我们会进行陈列培训，如何按风格、色系、价格带等主题去进行陈列，工作的同时又可以提升自己的审美能力、销售技巧和搭配能力，淡场时一个人每天搭配五套衣服发到店铺的群里，不一样的搭配不一样的效果，让大家自主地互相学习。并且在淡场时店员可以做小游戏活跃卖场氛围，了解每款商品的FAB，衣服的面料适应客群，对于不同的客户采取不同的销售手段，销售话术演练。遇到客户提出的问题不知道如何回答的，这个时候大家一起演练讨论。

总而言之，成功的店长是店铺发展的灵魂，作为店长，只有能打造出王牌销售团队，才能成为金牌店长，而店长作为企业重要的人才组成之一，也是严格按照色彩一秀的用人原则来选拔的。

店铺陈列技巧

当今国际服装市场有这样一个特色，就是服装的销售越来越依赖外界因素的辅助，快时尚尤其如此。放眼望去，在不少城市中心的步行街上，快时尚店铺，总能以其出色、鲜明、别致的陈列脱颖而出，成为一道靓丽的风景。

如果再仔细观察，其中值得重视的就是店铺设计，良好的店铺设计不仅决定了产品的销售业绩，更影响着服装的品质、档次以及价格。需要设计的元素包括：橱窗，灯光，色彩，音响，场景，新品陈设，各种搭配，各种变化以及卖点。这正是我们色彩一秀所追求的。

第一，橱窗：提升店铺的时尚气质。

色彩一秀的原则是首先定出本次橱窗的主题、色系及风格，找出本次主题的系列款（同一系列风格、色系要相互呼应，不能过于平淡也不能过于突出）。穿搭好后调整模特的高度和展示方向。橱窗灯光调整，每一次的橱窗调整灯光要随着橱窗的变动而变动。要展示当期主打的、能体现品牌优势的产品。掌握更换橱窗陈列服饰的时间和频率，根据新品上新的节奏更换，基本上三天一换，有时甚至一天一换。

第二，灯光：增强购物的气氛。

灯光的运用也是我们色彩一秀所关注的。作为走向全球的快时尚服装店，我们只有将店铺的灯光设计得更有风格、更有特点才能彰显出我们的品牌效应。从专业的角度来讲，店铺内灯光的照射角度分为正面光、侧光、斜侧光和顶光四种，这四种照射方式的合理运用可以帮助店铺提升销售业绩。

例如：某服装专卖店内，店长为了营造出一种古典的环境氛围，将店铺内各种灯光都改成了淡黄色，配合古典的装修风格，店铺内的确增添了许多古典气息。这家店铺的设计风格虽然吸引人，但是销售业绩却不理想。店长经过多方询问才得知，顾客进入店铺内虽然很喜欢这种气息，但是总感觉这里的商品略显陈旧、过时，而且灯光强度有限，很多商品的特色都无法被展示，从而导致销售业绩一直无法上升。

那么，到底是哪个环节出现问题了呢？其实，案例中这位店长主要忽视了三个地方：一是灯光颜色统一为淡黄色，过于单调；二是灯光过弱，顾客无法看清商品；三是灯光设计存在问题，古典风格的灯光同样有很多款式，但是这家店铺内的灯光没有起到吸引顾客消费的作用。

灯光是一种有生命、有色彩的销售元素，对灯光设计进行深入的了解与巧妙的运用，不仅可以帮助我们打造出具有强大竞争力的销售店铺，还会让我们店铺中的每一件商品更具价值、更具品位，更能打动顾客的内心。

第三，色彩：传递品牌风格和个性的力量。

店铺色彩设计首先要拥有统一的风格和主题，以案例中的店长为例，虽然她设计的色彩不符合常规环境的色彩风格，但是这种色彩设计的整体性还是十分到位的。这种统一的风格、整体的效果令这家店铺吸引了更多顾客。

然而对于一家服装店而言，色彩是销售环境的背景，而背景不可喧宾夺主，即色彩对顾客产生的影响不可以大过商品。如果我们店铺的色彩过于光鲜夺目，那么顾客便会在一定程度上忽视我们的商品，从而降低销售业绩。

另外，色彩的设计要具有一定的对比性。即色彩需要产生衬托性、辅助性，将我们的商品更直接地呈现在顾客面前。

以色彩一秀专卖店中的色彩设计为例，我们2012年夏天推出了一款浅黄色的T恤，一家专卖店店长将店铺的一个角落装扮成了一片向日葵田地，在墙壁上画了多株向日葵，而这些黄色的T恤则被折叠成向日葵的形状，固定在了葵花的部位。

这种透着阳光气息的色彩搭配，让这件黄色T恤成为2012年夏季的热卖商品之一，我们可以从这则案例中体会到色彩设计需要具备对比性、衬托性、辅助性的原则。

第四，音响：创造轻松、愉快的购物心情。

音乐应该是用来吸引顾客的，而且最终目的是吸引顾客到店内购物，绝非简单地吸引远距离顾客的注意力。所以，我们店内的音响设计要符合当前的销售环境，准确针对销售人群，让音乐有内涵。由于针对的主要是年轻的消费人群，因此，她们的音乐品味以及平时主要聚集的音乐场所，都值得我们仔细研究，并找到那些与她们调性相符的音乐。

第五，场景：一步到位的身临其境。

服装店铺陈列，并不是简单、机械地将服装展示出来。其中，需要我们用专业的陈列方式及技巧来体现企业、店铺的特色。在我们色彩一秀多年的店铺设计经验中，进门展示台要突出重点展示的商品及特性；配套陈列要做好；可利用道具装饰点缀，展示商品的美观度；突出时尚主题和层次感。展示台要求整洁清爽，陈列的服饰一律烫平上挂板。

第六，新品：刺激不断购买的意愿。

对于服装店而言，色彩一秀认为，无论是新品还是老款，每一款服装都有其特色，所以在商品陈列工作上，我们一定要让商品的特色展现出来，而且要与其他商品区分开来。

对于快时尚店铺来说，最大的特点就在于货品上新快、种类丰富、紧跟时尚潮流。正因如此，在上新的时候，我们就要更加巧妙地设计，让客户在第一时间能看到新品，同时还要确保新品对原有的货品销售不造成严重的影响。

要实现这一点，一方面需要店铺的店长、导购等对产品知识有清晰明确的认识；另一方面，也对我们前期的货品看款、打款提出了更高的要求。

我们色彩一秀对于新品陈列有一套独有的理论，我们通过分析顾客的真实想法，将店铺新品按照最佳地点、最佳形式呈现在顾客面前，并以新品为主题进行各种独具创意和视觉冲击力的活动，以此吸引顾客的眼球，激发顾客的购物欲望，提升店铺的销售业绩。这需要我们既要体现“新品”，也要激活“新品”，又要定位“新品”。

第七，搭配：为顾客打造专属着装。

在多年的服装销售过程中，依靠巧妙的商品搭配吸引了无数顾客。我们不仅专注于服装生产销售，更明白合理的搭配绝对可以让自己的商品成为店铺中的闪光点。

色彩一秀的服装搭配有自己的特点。当上浅下深时，体现端庄，恬静，严肃性。当上深下浅时，体现明快、活泼、开朗、自信的特点。如果你要突出上衣时，那么服装颜色要比上衣深。如果突出服装时，那么上衣颜色要比服装稍深。绿色难以搭配，可与咖啡色和白色搭配在一起。上衣有横向花纹时，服装尽量不要穿竖条纹或格子。上衣有竖纹花型，服装应避开横条纹或格子。上衣有杂色，下装应穿纯色。下装是杂色时，上衣应避开搭配。上衣花型较大或复杂时，应穿纯色服装。中间色的纯色与纯色搭配时，应辅以小饰物进行搭配。这是我们色彩一秀色彩搭配的主要技巧。

第八，变化：常变常新，不断吸引顾客注意力。

对于服装店而言，变化并不是针对店铺，从根本上来说是针对商品的。色彩一秀认为，商品的陈列需要随服装主题和店铺发展进行调整，而商品的样式、风格、款式都需要进行及时的更新。

第九，卖点：不断引发购买需求的头脑风暴。

色彩一秀在多年市场竞争中认识到，好头脑可以引发销售风暴，只要我们具备了超前的销售头脑、经济头脑，无论我们处于哪个位置、哪个阶层，都可以有所建树，有所收获。以我们色彩一秀店长与销售人员关于陈列的头脑风暴为例，我们专卖店的每一位成员都拥有自己对陈列的独特见解，而且在工作中会主动将这些思想见解呈现出来，通过彼此的交流、学习，为店铺营造符合潮流的陈列格局，并在工作中不断总结、不断改进、不断完善，以确保我们的店铺符合顾客的品味，满足顾客的需求。

除了以上基本的陈列规则外，色彩一秀店铺在陈列上最大的特色，就是每一家店铺都会配备专业的陈列师，然后在衣服的陈列上，每两件一出，整体以亮色为主，整个店铺色彩明亮、欢快、活泼，彰显年轻人活力十足的时尚范儿。

图 2-10 色彩一秀店铺展示效果图 1

图 2-11　色彩一秀店铺展示效果图 2

图 2–12　色彩一秀店铺展示效果图 3

图 2–13　色彩一秀店铺展示效果图 4

超级卖手养成记

导购员是一家企业销售终端的专职服务人员，导购员素质的好与坏，直接影响着企业的生命力。影响快时尚服装店导购员的因素包括形象、心态、服务水平、配合度、连带性、专业水平、性价比推销策略等。

第一，好形象才有好业绩。

形象良好的导购员应该成熟、典雅、大方，不能有邋遢、不修边幅的元素，更重要的是要有画龙点睛的一笔——专业的职业素养，干净利落的外表，得体的服装，热情的服务，从而给消费者留下良好的印象，进而能第一时间拉近自己与消费者之间的距离。

第二，好心态才能不断突破。

如果说心态决定一切的话，那么我们需要思考这样一个问题，导购的主要工作任务是什么？如果我们的导购人员回答为“销售”“服务消费者”，那么这就证明导购人员的心态存在问题，这种回答表现出销售人员心态存在被动性，只是为企业、店铺完成销售任务，而并非发自内心地进行销售工作。色彩一秀通过多年的超级卖手培养经验，总结得出：合格的导购人员，不仅要懂得销售，更应该懂得拓展。

第三，好服务从细节取胜。

色彩一秀在培养优秀导购员的过程中，不仅针对导购员的专业销售技能进行培训，同时也会着重培养导购人员的职业素养。我们要求，身为色彩一秀的导购员，首先在服务中不能为顾客增添任何负面情绪；其次，我们的服务不仅要专业，更要真实、有效；最后，无论我们的服务是否转化为销量，服务一定要有意义，即顾客对我们的服务给予肯定与正面的评价。

第四，好配合彰显王牌团队。

在色彩一秀的专卖店中，有一种景象是在其他店铺无法见到的，这便是导购员之间的配合营销。相信很多人会对此感到奇怪，虽然导购员之间属于同事关系，但是各自的业务区域分工明确，且每位导购员的销售业绩与收入提成直接挂钩，所以配合营销往往是很难见到的。加上“老人”对“新人”的传帮带，每一个店铺都是一个小小的“家庭”，满怀感恩之心的同事之间配合很默契，心怀使命感。

某服装店内，一位顾客正在挑选自己喜欢的商品。这位顾客在修身连衣裙和印花长裙两种商品前徘徊，犹豫不定。这时，负责连衣裙区域的导购员热情讲道：“××女士，看您的身材高挑，体态匀称，如果能配上这种修身连衣裙必然可以更加衬托您的气质。您考虑是不是试穿一下，看一看效果呢？”

顾客试穿之后感觉效果不错，但是好像对长裙也比较喜爱，于是决定再试穿一次进行对比。当这位顾客试穿好印花长裙后，导购人员在一旁夸道：“×××女士，您这身材、体态太适合这种款式的裙子了，穿上这款裙子，优雅、动人的气质会更加凸显。”

顾客听后产生了思考，两人都在拿自己的身材、体态、气质做文章，而且所讲的话也十分相似，看来两人没有给自己真实的建议，还是换一家店铺看看为好，于是转身离去。

其实，案例中店铺导购员出现了典型的配合不当的情况：一是当顾客由店铺内一个区域转移到另外一个区域时，负责当前区域的导购员应该跟随服务，而且与另外一个区域的导购员进行短时间的同时服务，切忌“各扫门前雪”；二是店铺导购员之间，应该进行整体的营销技能培训，相互之间应该多交流多借鉴，切忌所有人使用单一方法营销；三是导购员之间应该形成一种协助关系，具体体现为相互帮助，切忌相互猜疑，相互抵触。

在色彩一秀的专卖店中，店员之间的配合营销属于本职工作。我们倡导团队销售理念，通过培养业务纯熟的导购员，并将其打造成为拥有系统销售流程的营销团队，以此来提升我们整体销售业绩。

第五，好连带让业绩翻番。

连带营销的方法有很多种，色彩一秀通过对连带营销的性质、特点进行总结分类，将连带营销总结为功能性连带营销、需求性连带营销、配合性连带营销。

这是色彩一秀从多年连带销售经验中总结出的商品连带关系，当店铺导购员清楚了这些关系后，便可以将不同的商品进行连带推销，同时利用连带商品满足顾客的种种需求。

第六，好专业打造顾问式时尚专家。

打造专业导购员不仅需要企业、店铺对员工进行培养，员工主动学习，还要遵循一定的策略方法。以色彩一秀自身为例，导购人员在接待顾客时不会直接介绍商品，而是与顾客进行攀谈，侧面询问顾客使用商品的季节、场合、时间等，通过了解这些信息，总结出顾客的真实需求，并明示顾客，然后根据这些需求推荐商品、服务顾客。

第七，以性价比刺激客户需求。

向客户推销性价比是指在推销商品的基础之上，向客户明示更多的商品附加价值。例如，我们的专业服务、品牌效应、售后服务等，这些商品附加价值都是提升商品性价比的关键因素。

在色彩一秀店铺中对导购人员有三类评级：第一类，单纯推销商品的导购员；第二类，推销商品特点的导购员；第三类，推销商品性价比的导购员。这三类导购员当中，前两类是我们重点督促、重点培养的导购人群，同样这也是目前国内销售市场中非常常见的导购员类型。而第三种则是我们色彩一秀中比较成熟的导购人群，并且通过这一人群的努力，我们色彩一秀的发展获得大幅度的提升。

图 2-14　色彩一秀员工团建活动

第八，好策略与顾客同频。

在当今国际市场，营销对于企业生存和发展有其特别重要的作用，大多数成功的企业、商家、店铺都拥有雄厚的营销能力，只有具备了这种能力，我们的发展才会呈现出全新的局面。

试想，对于消费者而言，大多数人的消费行为不会存在本质差别，而企业、店铺的销售行为也没有太大差异。在这种情况下，如果我们单纯提升生产力、宣传力，就等同于刻意压榨自己，放纵竞争对手。而如果我们使自己的每一位导购人员具备强于他人三四倍的销售能力，可想而知我们将可以获得多么卓越的成就。

色彩一秀会对自己的导购人员进行专业的定位沟通技巧培训，并通过这种培训提升导购人员的营销策略思维。在这一点上，其实并不是我们改善了服务质量，而是通过指导导购人员，让他们准确地定位了每一位顾客，而且为每一位顾客量身定制了营销策略，让顾客的每一种需求都可以在我们色彩

图 2-15　谢平华与色彩一秀员工参与团建活动

一秀店铺中得到满足。

第九，好培养成就超级卖手。

色彩一秀的另外一个独特之处，就在于每一位新人进入公司之后，将会有为期一个月的实习期，在这个实习期内，我们会围绕其专业能力提升打造一整套方案，并提供对应的考核检查，而这一段时期，则会为他们未来的业绩销售和提升、个人能力成长奠定坚实的基础。同时，我们的国威商学院，每个月都会请专业老师到公司提供培训，新人在后续还能得到更多颇具实用价值的提升和学习，不断提升自我能力；老员工也可以在此期间进行再一次学习和充电。

最后，色彩一秀在店铺导购管理上，也有一整套的绩效管理体系，每一个店铺都会建立单独的群，每一天进行业绩 PK，但与其他 PK 有所不同的是，在这个环节，我们只奖励第一名。刚开始实行时，大家都会感觉不适应，但一段时间之后，大家都争先恐后地抢夺第一名。

与此同时，在店铺日常工作的管理上，我们将绩效管理和积分相挂钩，让每一个员工都能实时知道自己的工作业绩和表现，让管理者也能明确具体工作进度。推行之后，每一个店铺导购比以往都更积极、用心、热情，同时也形成了对团队伙伴工作关注的习惯，因为在 PK 和积分上，有时候，仅仅做好自己分内的工作并不能最终胜出，团队共同进步成长才是关键。

在这一过程中，色彩一秀的企业文化理念也在团队成员中深植于心，不断激励员工拓展自我、挑战自我，创造更加精彩的时刻。

在这里，可以和大家分享一个超级卖手养成工具表，如下：

<table>
<tr><td>姓名</td><td></td><td>入职时间</td><td></td><td>实习时间</td><td></td><td>实习店铺</td><td></td><td>店铺教练</td><td></td></tr>
<tr><td colspan="6">实习岗位：导购</td><td colspan="4">实习天数：25天</td></tr>
<tr><td colspan="10">项目一：店铺基本运营</td></tr>
<tr><td colspan="10">对店铺基本信息的了解，与同事之间的自我介绍互相熟悉，学习量化标准100分</td></tr>
<tr><td colspan="10">店铺基本运营、产品基础知识</td></tr>
<tr><td colspan="2">实习内容</td><td colspan="2">迎宾语及站位要求</td><td colspan="2">实习期</td><td>天</td><td>建议实习</td><td colspan="2">第1天</td></tr>
<tr><td colspan="7">实习及考核内容：
通过店铺教练的现场演练，能分时段喊出响亮的迎宾语且能明白并应用合理站位（姿势和地点）为优秀。迎宾语例：下午好，欢迎光临色彩一秀！</td><td colspan="3">优秀 □
合格 □
不合格 □</td></tr>
<tr><td colspan="7">考核人评价</td><td colspan="3">考核人：</td></tr>
<tr><td colspan="2">实习内容</td><td colspan="2">款号、小票的填写</td><td colspan="2">实习期</td><td>天</td><td>建议实习</td><td colspan="2">第1天</td></tr>
<tr><td colspan="7">实习及考核内容：
通过员工入职培训以及店铺老员工的帮助熟悉所有款号每一位所代表的含义，产品的大类分布，分别代表的含义。任选15款抽样考核，12款为合格，14款以上为优秀，能独立正确的填写小票。</td><td colspan="3">优秀 □
合格 □
不合格 □</td></tr>
<tr><td colspan="7">考核人评价</td><td colspan="3">考核人：</td></tr>
<tr><td colspan="2">实习内容</td><td colspan="2">价格</td><td colspan="2">实习期</td><td>天</td><td>建议实习</td><td colspan="2">第2天</td></tr>
<tr><td colspan="7">实习及考核内容：
通过吊牌熟悉掌握应季产品的价格，抽样考核，外套10件，裤子10件，毛衣10件，套装10件，裙子10条。抽样中通过40件为合格，45件以上为优秀（实习一个月之后要背过卖场产品的价格）。</td><td colspan="3">优秀 □
合格 □
不合格 □</td></tr>
<tr><td colspan="7">考核人评价</td><td colspan="3">考核人：</td></tr>
</table>

续表

实习内容	编码规则	实习期	天	建议实习	第3天
实习及考核内容： 通过培训了解编码并掌握。实习进行到第七天要将外套、毛衣、套装的小类代码背过为优秀。				优秀 □ 合格 □ 不合格 □	
考核人评价				考核人：	
实习内容	库存、库位	实习期	天	建议实习	第4天
实习及考核内容： 通过系统、库存盘点表结合实货掌握应季产品中畅销货品的店铺库存，通过整理仓库掌握货品的库位。抽样考核，外套10件，裤子10件，毛衣10件，套装10件，裙子10条。抽样中40件为合格，45件以上为优秀，进仓取货30秒内取出为优秀。				优秀 □ 合格 □ 不合格 □	
考核人评价				考核人：	
实习内容	面料（上衣）	实习期	天	建议实习	第5天
实习及考核内容： 掌握面料及工艺的优点和不足，了解应季产品的主要构成，抽样服装15件，12件为合格，14件以上为优秀。				优秀 □ 合格 □ 不合格 □	
考核人评价				考核人：	
实习内容	面料（裤/裙装）	实习期	天	建议实习	第6—7天
实习及考核内容： 了解裤/裙的构成，分别了解不同的面料、材质构成、制作工艺及优缺点。				优秀 □ 合格 □ 不合格 □	
考核人评价				考核人：	

续表

<table>
<tr><td colspan="6">项目二：陈列的认知、FAB 的讲解</td></tr>
<tr><td colspan="6">1. 产品 FAB 的讲解、售后服务知识</td></tr>
<tr><td>实习内容</td><td>FAB 讲解</td><td>实习期</td><td>天</td><td>建议实习</td><td>第8—10天</td></tr>
<tr><td colspan="4">实习及考核内容：
熟记产品的三包和洗涤方式，熟悉产品的 FAB，F、A、B 分别代表的含义，了解店铺应季畅销、主推产品的 FAB，抽样考核，外套10件，裤子10件，毛衣10件，套装10件，裙子10条，抽样中通过40件为合格，45件以上为优秀。</td><td colspan="2">优秀 ☐
合格 ☐
不合格 ☐</td></tr>
<tr><td colspan="4">考核人评价</td><td colspan="2">考核人：</td></tr>
<tr><td>建议</td><td colspan="5">考核人所考核内容注意事项
1. 考核内容：货品的面料特性、款号、尺码、价格、库存及 FAB。
2. 考核形式：现场测试。
3. 考核建议：考核人随机抽取5—7款应季产品，询问实习人员所抽查产品价格、款号、库存、FAB 等产品信息。</td></tr>
<tr><td colspan="6">2. 陈列、维护</td></tr>
<tr><td>实习内容</td><td>服装</td><td>实习期</td><td>天</td><td>建议实习</td><td>第11—12天</td></tr>
<tr><td colspan="4">实习及考核内容：
熟悉掌握服装陈列原则，掌握系列展示、色彩搭配、挂装吊牌陈列的基本原则及 SKU 的数量要求；掌握标准、数量、图案是否完整；了解平衡对称、重复出样原则；掌握出样商品、主推商品的陈列原则，了解陈列标准以及平整的标准。建议现场考核，出错率低于20%为合格，低于10%为优秀。</td><td colspan="2">优秀 ☐
合格 ☐
不合格 ☐</td></tr>
<tr><td colspan="4">考核人评价</td><td colspan="2">考核人：</td></tr>
</table>

续表

<table>
<tr><td>实习内容</td><td>陈列</td><td>实习期</td><td>天</td><td>建议实习</td><td>第13—14天</td></tr>
<tr><td colspan="4">实习及考核内容：
掌握系列摆放、焦点展示的陈列原则；建议现场考核，出错率低于20%为合格，低于10%为优秀。</td><td colspan="2">优秀 □
合格 □
不合格 □</td></tr>
<tr><td colspan="4">考核人评价</td><td colspan="2">考核人：</td></tr>
<tr><td>实习内容</td><td>配件</td><td>实习期</td><td>天</td><td>建议实习</td><td>第14—15天</td></tr>
<tr><td colspan="4">实习及考核内容：
了解产品分区、小系列色彩搭配、产品造型的陈列原则、陈列数量，建议现场考核，出错率低于20%为合格，低于10%为优秀。</td><td colspan="2">优秀 □
合格 □
不合格 □</td></tr>
<tr><td colspan="4">考核人评价</td><td colspan="2">考核人：</td></tr>
<tr><td>实习内容</td><td>道具</td><td>实习期</td><td>天</td><td>建议实习</td><td>第15天</td></tr>
<tr><td colspan="4">实习及考核内容：
了解陈列道具（货架配件）的名称及使用方法；了解陈列标准、服装的更换次数以及搭配的基本原则，了解橱窗、焦点展台的陈列原则及搭配原则，熟悉掌握POP的陈列标准，以提问的形式现场考核，出错率低于20%为合格，低于10%为优秀。</td><td colspan="2">优秀 □
合格 □
不合格 □</td></tr>
<tr><td colspan="4">考核人评价</td><td colspan="2">考核人：</td></tr>
<tr><td>建议</td><td colspan="5">考核人所考核内容注意事项
1. 考核内容：陈列原则、摆放方式、陈列细节及注意事项。
2. 考核形式：现场测试。
3. 考核建议：考核人将四组货架清空（将该组货架的货品及附件全部清空），让实习人员进行现场陈列，陈列后让其说出自己应用的陈列原则。考核人也可针对陈列细节对其进行提问，看其掌握情况。</td></tr>
</table>

续表

<table>
<tr><td colspan="6">项目三：服务</td></tr>
<tr><td>实习内容</td><td>服务</td><td>实习期</td><td>天</td><td>建议实习</td><td>第16—23天</td></tr>
<tr><td colspan="4">实习及考核内容：
了解仪容仪表中装束、言行举止的标准及化妆佩饰的要求；熟悉掌握服务标准：亲切迎宾，关心客人；产品介绍的热情主动程度，协助试穿的主动配合程度以及流程标准（试鞋要求半蹲式服务等细节要求的掌握）；处理异议的态度；赞美顾客的真诚主动程度；附加推销的热情主动程度；熟悉运用美程服务的详细过程，把服务标准真正的结合实际运用到销售中，起到应有的效果。考核人综合评价80分以上为合格，90分以上为优秀。</td><td colspan="2">优秀 □
合格 □
不合格 □</td></tr>
<tr><td colspan="4">考核人评价</td><td colspan="2">考核人：</td></tr>
<tr><td>建议</td><td colspan="5">考核人所考核内容注意事项
1. 考核内容：服务流程、业务流程、服务基本技巧、售后服务流程及客诉流程。
2. 考核形式：现场测试（卖场观察或角色扮演）。
3. 考核建议：
☆考核人在卖场中观察实习人员为顾客服务时是否按照服务标准的要求操作。
☆利用角色扮演的方式，考核人扮演顾客，看其能否对“顾客”的问题应答自如。
☆考核人可向实习人询问客诉的相关处理流程看其是否熟悉。</td></tr>
</table>

续表

<table>
<tr><td colspan="6">项目四：货品调拨</td></tr>
<tr><td>实习内容</td><td>货品方面</td><td>实习期</td><td>天</td><td>建议实习</td><td>第24—25天</td></tr>
<tr><td colspan="4">实习及考核内容：
1. 熟悉货品在各区域间的调拨流程及填写调拨单。
2. 熟悉货品退残的规定、流程及填写各类单据。
3. 熟悉团购的折扣及操作流程。
4. 熟悉掌握总销售额、同比、分类货品销售额、坪效、畅销款（每类）10款、滞销10款、连带率、客单价、平均单价、人效及人员流失率的计算方法和分别代表的意义。</td><td colspan="2">优秀 □
合格 □
不合格 □</td></tr>
<tr><td colspan="4">考核人评价</td><td colspan="2">考核人：</td></tr>
</table>

VIP 服务

根据调研资料显示，一家合格的快时尚店，商家80% 的利润都来源于20% 的忠实客户，也就是我们常说的“回头客”，由此我们可以看出老顾客在整个销售链当中处于举足轻重的地位。为此，我们在针对店铺 VIP 顾客的服务上，也总结出不少可行之道。

第一，提高 VIP 含金量。

通常来说，针对 VIP 顾客，多数店铺都会有一本针对性的 VIP 客户档案，但是否每一家店铺都会有完善的客户档案数据库，那就不得而知了。我们在设计顾客资料问卷时，可以从硬件档案和软件档案入手。

硬件档案。可以采取线上、线下问卷调查的形式，获取客户的姓名、性别、民族、年龄、邮箱、住址、电话号码、服装码数、消费金额、消费产品款号等硬件档案信息。

软件档案。软件档案的构成，主要包括消费者的工作状况、家庭状况、性格倾向、个人消费习惯、个人着装喜好、日常娱乐爱好、生活习惯、喜欢的服务方式、对促销信息的接受情况、价值观等，这些资料可以让我们间接地了解客户的喜好以及审美情趣。

积分体系。所有 VIP 客户都专门设立积分账户，实时更新，并根据客户积分等级推送最新活动和货品上新信息，让客户第一时间了解色彩一秀的店铺动态，并同时提供各种人性化的服务和体验。

有“含金量”的 VIP 客户资料收集之后，接下来要做的就是日常的客户维护工作，尽量让普通客户变成老顾客，老顾客变成忠实的 VIP 顾客，这个过程同样也是不断汲取经验教训的过程。要想留住客户，首先要知道究竟是什么让客户丧失了购买我们产品的兴趣，顾客的流失其实是一个严重的问题，只是很多商铺尚未意识到。大多数顾客常常选择无言地离开，不会说出心中的不满。这就需要我们主动出击，让顾客进行有效地投诉。

第二，及时让老客户感动。

所谓用心的服务，并不只是简单地表达我们的真诚，而是需要思想的转变和深度的思考。对于 VIP 客户，色彩一秀会有不定期的回访，全面了解客户对我们品牌的看法以及建议，思想的转变是指我们要跳出惯性思维，不按照常规思维思考问题。

我们为 VIP 顾客提供的用心服务，需要我们跳出以往的定势思维，站在 VIP 顾客的角度思考，她们最希望得到什么样的服务，她们可以享受到与普通顾客有何种区别的服务。这些服务才是最能够打动 VIP 顾客的营销技巧。

第三，多途径提升 VIP 顾客到店频率。

就色彩一秀当前的发展形势而言，我们的 VIP 服务虽然完善，但仍然有待提升。我们在强调每位员工用心服务的同时，还总结出了多种 VIP 专属活动方案，以此来提升 VIP 顾客的黏性。

生日当天，VIP 客户会收到生日祝福、相应的生日惊喜和寿星专属购物优惠折扣，让她们感受到我们是个有爱的品牌。这些其实都无须投入过多的服务，需要的只是我们比平时更多一份用心，但对客户而言，却可以打动她们的心，从而增强 VIP 顾客与我们的联系。

虽然有些 VIP 顾客来店中是为了干洗、熨烫衣服，但这并不影响我们对其进行营销。例如，在顾客等待衣服熨烫的过程中，为其推荐新品，可以有效提升我们的销售业绩。

对于色彩一秀的 VIP 顾客，我们始终都抱有感恩之心，因为这些顾客是我们店铺的主要经济来源，经常发送一些不影响对方生活的感激短信、微信，或者生活小贴士，可以让 VIP 顾客在生活细节中感受到我们的关心。

第四，将 VIP 顾客服务内化为工作习惯。

在日常的销售过程当中，店长要不时地对员工进行培训，把“将 VIP 顾客服务变成日常工作状态”的理念根植于每位员工的脑海之中。将顾客的满意度直接转化成店铺服务，直接与员工的工资绩效相挂钩，成为业绩的一部分。

色彩一秀每年都尽可能地举办 VIP 客户聚会。对于持有会员卡的 VIP 客户，对指定产品进行优惠。对 VIP 客户的意见进行整理反馈。举办 VIP 聚会时，咨询 VIP 客户的意见和建议，在不损害销售利益的情况下，可以按照大部分客户的意见来举办，这样 VIP 客户会有一种备受重视之感，为后续的营销打下坚实基础。

第五，找准 VIP 客户的需求。

我们在为客户打造时尚潮流品味的同时，也在不断通过客户调整我们的时尚风格和款式，而对客户需求的了解，则需要我们对其生活习惯、精神需求、社交需求等进行更深入的研究，发现其内在的深层次需求，才能不断为 VIP 客户提供走心的服务与品质。

快时尚的 O2O 策略

近年来，O2O 俨然已经成为各行业的焦点，服装业困境重重，品牌商寄望改革来增加自己的市场竞争力，每天都在上演着一场场成败兴亡的闹剧。快时尚作为潮流、快速、平价的代名词，在当前社会经济发展迅速的背景下吸引了人们的关注，而快时尚也不再单一地诠释为“服装快时尚”，而是发展成为多种产业融会贯通的集大成者。快时尚行业竞争激烈，更新换代迅速，部分企业在其发展中也纷纷加快了 O2O 化的进程，以提升自身的竞争力，获取市场有利地位。

O2O 与传统的消费者在商家直接消费的模式不同，在 O2O 平台商业模式中，整个消费过程由线上和线下两部分构成。线上平台为消费者提供消费指南、优惠信息、便利服务（预订、在线支付、地图等）和分享平台，而线下商户则专注于提供服务。在 O2O 模式中，消费者的消费流程可以分解为五个阶段：

第一阶段：引流。线上平台作为线下消费决策的入口，可以汇聚大量有消费需求的消费者，或者引发消费者的线下消费需求。常见的 O2O 平台引流入口包括：消费点评类网站，如大众点评；电子地图，如百度地图、高德地图；

社交类网站或应用，如微信、人人网。

第二阶段：转化。线上平台向消费者提供商铺的详细信息、优惠（如团购、优惠券）、便利服务，方便消费者搜索、对比商铺，并最终帮助消费者选择线下商户、完成消费决策。

第三阶段：消费。消费者利用线上获得的信息到线下商户接受服务、完成消费。

第四阶段：反馈。消费者将自己的消费体验反馈到线上平台，有助于其他消费者作出消费决策。线上平台通过梳理和分析消费者的反馈，形成更加完整的本地商铺信息库，可以吸引更多的消费者使用在线平台。

第五阶段：存留。线上平台为消费者和本地商户建立沟通渠道，可以帮助本地商户维护消费者关系，使消费者重复消费，成为商家的回头客。

对于色彩一秀，未来我们同样也会跟随时代的脚步，利用多种销售渠道和代理商的模式实现电商领域市场的快速扩张，入驻知名电商平台，进军O2O，如天猫市场。在线下实体店外，拓展出新的网络零售渠道。

无论对于消费者而言还是对于O2O模式而言，如果仅仅停留在实现商品购买环节的线上线下的联通，而无法实现售后环节的联通，将影响消费者对于品牌的评价，也无法为消费者提供良好的购买体验。

为此，我们计划在色彩一秀未来的电子商务方面，采用与实体店同步的价格策略，这样既能体现色彩一秀作为快时尚的品牌优势，突出产品性价比，加快商品的流通速度，也能在无须采用额外的高频次促销策略下，快速推动销量。

未来，在色彩一秀店铺，只要客户拿出手机，在色彩一秀的店内扫描商品上的二维码，就能收到一条推送信息，看到该款产品的详细介绍、产品材质、价格款式、搭配等，部分还配有该系列产品的广告视频，在页面底部可以查看门店和查询商品。通过商品查询，在具体的产品页面还可以查询距离最近的门店动态实时库存和分享商品。

除此之外，如果关注色彩一秀公众号，客户还将收到该品牌的系列主推商品推荐，包括外套、羽绒服、连衣裙、T 恤等。

与其他销售企业不同，色彩一秀将欢迎消费者在店内掏出手机的动作，当她想了解产品的更多信息如成分时，她可以掏出手机；当这个型号在这家店内断货，她可以通过手机看看其他分店或天猫店内是否有货并立即下单。

同时，从传播沟通角度，我一直认为：如果采用传统的广告投放方式或者店内说明，每一条实体广告可能只可以露出品牌，或者推送给消费者看一个系列的某种产品，但是采用数字化的创新服务，每位顾客在浏览中花费1分钟就能获得5条广告的信息。

可以说，这是一种有效的深入沟通。因为海报结合的都是主推产品，所以80% 的客户看到的都是当季主推的商品。并且，通过这种方式可以有效促进微信用户增长，后续每个月顾客都会收到更多推广信息。通过海报详细介绍的时尚穿搭、面料材质和最近距离的店面与库存，增加顾客的有效购买，更产生了一个很好的“无死角”服务状态，这正是“把所有顾客都连在一起，根据消费者需求，随时随地地线上线下跳转”的有效方案。

赚翻天的经营策略

快时尚的经营，除了前期的商品需要精挑细选之外，当商品进入到店铺之后，所有的经营，最终都会围绕营销、店铺、客户和服务来开展。

第一，好创意才有好营销。

当我们走在大街上，可以看到，即便是在那些繁华闹市的步行街，总会有些店铺门庭若市，而另外一些店铺则门可罗雀，为何会出现这种极端的情况？除了商品的质量、门店的位置、商品摆设这些硬性因素，还与创意营销的好坏有着很大的关系。

色彩一秀每年在营销方案上下足了功夫，巧妙地运用独具特色的创意营销方案，吸引了大批消费者，带来了巨额的利润。

具体来说：首先，我们关注客户想要什么。这就好比成交心理过程的“三步曲”：第一步是进入对方的心理世界，即了解客户的心理；第二步是把客户带到她的世界，即慢慢地引导客户；第三步是让客户进入到你的世界，即实现销售的目的。

接下来，我们会重点关注如何建立客户信任感，这一动作的核心在于，没有人愿意把钱交给陌生人，所以我们要想取得交易的成功，需要建立起强大的信任感，让顾客真心实意地信任你，放心地把钱交给你。要想达到这种效果，最好的方法便是让客户感受到你的专业性，让她们能够百分百地信任你。

最后，想尽一切办法刺激消费者的好奇心。这就好比广告，好的广告语犹如少女披的一层面纱，在隐隐约约之间挑拨消费者的神经，像一个谜语，让消费者忍不住想揭开谜底一探究竟，而揭开谜底的代价就是去购买、去体验。

第二，好店铺才有好销售。

色彩一秀一直坚持以“好店铺”赢得客户的肯定和认可，一个好的店铺，首先应该是一个拥有美好形象的购物场所，在这里，顾客可以卸下日常工作和生活中的纷扰，用心享受来自美的每一次触碰和感受；在这里，顾客可以拆下所有的伪装，在缤纷多彩的服饰中找回最真实的自我；在这里，顾客可以以极具性价比的价格，体验高品质和专业化的服务；在这里，顾客每一次的到来，都是对心灵的一次洗涤和艺术熏陶。

顾客在购买商品之前，内心有一个属于自己的满意值。当购买的商品低于这个满意值时，顾客就会觉得买得不值；当高于这个值时，客户就会觉得物超所值。要想增加客户的满意度，让顾客尽可能多地消费，需要不断提升店铺的形象与产品的质量。

良好的店铺形象，来自对客户的全面兼顾和服务，落实到具体的动作上，一是要招呼好刚进店的客户，审时度势，合理安排导购员为她们服务；二是要照顾好先进店铺的顾客，避免因接待新进店客户而顾此失彼；三是要保持良好的店铺内外部形象，包括店铺的陈列、展示台等外部形象，也包括店铺的灯光、清洁度、导购的仪容仪表等内部形象。

对于店铺外部形象，顾客每一次经过店铺，首先看到的是店铺的模特及展示台，陈列可以让消费者看到店铺服装的风格，要有主题地进行陈列。模特与模特之间是存在着一定主题联系的，尤其是在橱窗上的陈列，要善于运用灯光等，塑造美感。

而对于店铺内部形象，保持店铺内的清洁、更衣室的整洁和设施完善、店铺人员良好的仪容仪表等，都很重要。

第三，好服务才有好未来。

纵观那些优秀的企业，无论是我们色彩一秀、飒拉（ZARA）、苹果还是美国 AMC 影城，甚至是汽车领域的奔驰、丰田等，所有这些成功的企业，在设计上都独具特色，有的企业凭借先进的技术，有的企业凭借良好的售后服务，在其领域内一枝独秀。

同样，色彩一秀一直坚持为客户提供特色化服务。首先，在品质上坚持品质至尊；同时，我们也提供行业内极具性价比的质优价廉的精选商品，而对于服装“价格注水，打折后再进行销售”的传统营销模式，色彩一秀是坚决抵制的。我们在价格上倡导“阳光消费”，产品设计优良、裁剪精致，但是在价格上绝对是老百姓买得起、信得过的产品，而且在全国明码标价销售，价格公开透明。

其实，让一个服装店铺真正实现良性循环经营的策略还有很多，但万变不离其宗的是，不管这些策略如何变化，其最终需要关注的核心始终都是营销、客户、店铺、服务，这也是我多年的服装经营心得和体会，一旦我们将这些做好，自然就能创造出优质的品牌和良好的业绩。

下篇

我的人生感悟

成功的“三水”与“五心”

一个人从平凡到优秀，一定经历过辛勤的付出；一个人从优秀到卓越，一定经历过地狱般的历练；一个人从卓越到独一无二，一定经历过浴火重生。对产品缺乏热忱的人，对事业同样也缺乏热忱；而对事业缺乏热忱的人，是无法在这份事业上获得任何成就的。我们为何不问问自己：我热爱我的产品吗？

人生的每一个清晨，都该努力，而不应拖延。观望一天，就少赚一天；观望一月，就少赚一月；观望一年，就少赚一年。等你看到大家赚钱拿到手里的时候，你觉得可以行动了；等你想行动了，却发现别人已经在做了。你不主动，没人替你主动，做任何事唯一的风险就是观望！观望有风险，尝试多机会。

不管你做什么事情，先把事情做好，超过任何人的想象，如果能够做到这一点，即使你不想成功都很难。

对任何人而言，成功没有捷径。我的成功经历了“三水”之苦，即冷水——别人给泼的；汗水——自己流的；泪水——因不被理解而流的。当年我在秋水伊人做助理的时候，我说要提前出款，而我的设计师说道：“你才干了两个多月，你能行吗？别不自量力。你不行的。”

但我没有因为他的这句话而止步和放弃，仍然刻苦努力，不怕吃苦受累，每天坚持到市场看款，研究款式。当时天气很热，每天都是汗流浃背，但我没有放弃。我把我的想法告诉设计总监，他说：“不行，我们公司规定助理必须工作半年才能出款，你才工作两个多月，不行的！”想到自己比别人更多的努力付诸东流，我流泪了。但我没有气馁，仍然缠着设计总监，讲道理，显才能，最终他同意了。这样，我才能在不到三个月的时间里，从设计助理升为设计师。

同样，我的成功也源自于“五心”，即爱心、耐心、决心、信心和恒心。母亲不仅是我的家长，更是我的榜样与导师。因为从小跟着母亲走村串户，母亲经常帮助那些可怜的人，从母亲身上学到的这种爱心，便在我内心沉淀下来，并衍生出了我坚强的耐心。在服装厂上班的时候，只有我耐住性子待了下来，一直干了两年。

而在我刚开始工作的时候，我不会首要考虑工资，因为我一直认为：一个人在工作中，首先应该考虑的是如何把工作做好，这样，当自己能力逐渐增长，价值也自然而然地体现出来。

但很多人并不这样想，他们更倾向于以工资为标准选工作，而忽略了自己是否对这份工作感兴趣，是否对这份工作有信心，是否能让自己在这份工作上沉淀下来，不断提升自己。

正如李践老师所说：

积极的心态像太阳，照到哪里哪里亮！

消极的心态像月亮，初一、十五不一样！

当你下定决心，当你把目标与生命画上等号时，你就没有理由、没有借口不坚持到底，你就不可能不全力以赴，而我就一直处在这种“一定要”，而且非要不可的状态。很多人最终无法取得成功，就在于缺少“一定要”的勇气与决心，他们总是“想要”而没有“一定要”，所以遇到困难时，往往更容易退缩。当一个人树立了明确的人生目标，接下来就要通过具体的行动去实现目标，而强烈的决心是实现目标的重要保证。

成功没有捷径可走，少走弯路就是捷径；成功也没有太多的方法，只有“一定要”的决心，才能帮我们最终实现目标。我做业务的时候，为了实现目标、争取一个客户、签下一笔订单，每天只睡三四个小时。对于我们来说，最可怕的就是抱着“试试看”的态度去生活，凡事不全力以赴，对生活随随便便，生活也同样会对你随随便便。所以，我们要想达成某一目标，必须以“一定要”的决心去影响对方，以生命的力量去帮助客户。

但这并不是说成功就没有方法，相反，正如李践老师说的那样，成功是有一定的步骤和方法的：

第一步：发现问题；

第二步：找到事情的根源；

第三步：找到问题的解决方案；

最后：立马执行。

2001年，我进入秋水伊人，做设计助理，不到三个月时间便出款，成功做了设计师，而公司规定是半年。正是以“一定要”的决心立下军令状，才使我的目标这么快达成。

任何事情的发生都是有原因的，如果我们无力改变，就要学会接受。当令人不快的事情发生时，我们可以怨天尤人，悲观沮丧，但这一定会影响我们的心情，影响工作效率。反之，树立信心，开心乐观一点，就可以避免坏的情绪影响我们的工作与生活。

尼克·武伊契奇，1982年12月4日出生于澳大利亚墨尔本，他生下来就没有四肢，但他勇于面对生命的残酷，一次又一次突破人生的高度，创造了生命的奇迹。19岁时，尼克开始推销自己的演讲。在被拒绝52次之后，他获得了一个5分钟的演讲机会和50美元的薪水。从此，他的演讲生涯拉开了序幕。他迈出了艰难的第一步，他勇敢地站在了演讲台上，用自己的亲身经历去鼓励人们，给人们以希望。“我找到了我存在的目的……”如今，尼克已经在全球34个国家演讲1 500场，每年接到大约3万个来自世界各地的邀请。尼克成功了，他用行动证明了自己存在的意义，这一切都源于他积极的心态。

失败有三大原因：心太急，不学习，自以为是。成功没有顺其自然，成功都是被逼出来的，鸟无翅膀不能飞，人无志气不成功。成功97% 是心态，3% 是能力。

一个人做一件事要持之以恒，不要三心二意。一定要把一件工作完成之后再做另一件事。我一直坚持“一辈子只做一件事，一件事成就一辈子”的理念。能走到今天，正是我这样努力坚持的结果。

人生没有四季，只有两季

人生没有四季，只有两季。努力就是旺季，不努力就是淡季。一旦努力，我们就能把自身的潜能发掘出来，从而创造更多的价值。

研究表明：我们每个人平时所发挥的能力，仅占所有能力的5%，还有95%的潜能没有被发挥出来，而决定我们人生成功与否的直接因素，正是这未被发掘的95%。即使像爱因斯坦这样的天才，也只是发挥了他全部潜能的2%。这就意味着，作为普通人，我们的潜能也仅仅只是发挥了百分之零点几，甚至是百分之零点零几而已，所以，我们每个人都是一个潜力股，拥有无限的可能。

那么，什么是潜能呢？它蕴藏在哪里呢？这要从我们的“潜意识”说起。科学家认为，我们的一般意识下面暗藏着一股秘密力量，这股力量就是我们人体的潜意识。潜意识是我们与生俱来却被我们忘记使用的能力，这种能力就是我们的“潜能”。在我们的潜意识里，集合了人类能够总结出来的最适合生存的所有信息。所以，如果具备了挖掘这种生活本能的能力，几乎所有的困难都能被克服，所有的愿望都可以实现。

在我们的本性中都会有一种潜意识的暗示，我们认为自己将来会成为什么样的人，就会朝着那方面去努力，最终成为我们所认为的自己。这样的故事，其实，每天都在我们身边悄然发生着。

就拿我们身边的服装店铺导购员来说，在众多的导购员中，我们总能发现，有的导购员，在短时期之内就能快速得到提升，甚至能独立经营一家店铺，但另一方面，我们也总能看到，总有那么一些导购员，不管付出多少努力和时间，最后总不能得其要领。为什么会有这样的差别呢？

在色彩一秀的众多店铺中，就有这样一位导购员。起初，她和其他导购一样，帮助顾客挑选合适的服装，介绍店里当前的优惠活动，轻松地完成每天的工作任务，获得应有的报酬。然而，随着时间的推移，她逐渐发现自己并不想永远就这样按部就班地做一名服装导购员，她希望自己也可以成为店主那样的成功女性，既有经济头脑、充满智慧美，又举止典雅、充满气质。

同样，每天接触的形形色色的女顾客，每一位都气质不凡、雍容华贵，她觉得自己就该成为像她们这样的处于上流社会的女人，所以，在潜意识里，她就要求自己努力地向她们学习，在做好本职工作的同时，细心模仿店主平时的言行举止和神态。

功夫不负有心人，她逐渐培养出了与店主一样的气质，得到了广大顾客的认可，店主放心地把这家服装店交给她去打理。

由于经营良好，她后来把店铺整个接手过来，并逐渐开始扩大规模开第二家店，没想到第二家也同样经营良好，就计划继续开第三家。但当时人手不够，于是她就和几个店长商量，让他们入股，然后再开新店。在投资方式上，她采取了两种模式：一种是共同投资，分红按照30%来分；一种是共同承担经营风险。这样不但将店铺拓展开来，而且也极大地调动了店长的积极性，而现在，她已经开了五家店了。

而她在其中，唯一的动作就是给每家店铺选好人才，培养店长，然后通过店长再培养人才，再开新店，既良好地利用了各方资源，又将店铺快速顺利地开了起来。

其实，她的成功完全是源于她潜意识中的想法，我们称其为“潜意识成功法”。我们要勇于想象、善于想象，只有知道自己想成为哪种人，我们才会去为之奋斗，而正是在这不经意之间，潜意识给了我们前进的动力。有一句话说得好：“思想有多大，舞台就有多大。”我们一定要敢想敢做，一定要坚信：我们本就不平凡！

那么，当你拥有了潜意识的想法之后，要怎样做才能把想法变为现实呢？

其实，我们可以跟这位导购员一样去行动。简单地说，就是模仿、学习成功人士的言谈举止。当然，这种模仿并不局限于他们的外在穿着打扮，更重要的是学习他们内在的修养。如果仔细观察，不难发现，成功人士都有着共同之处，而这些，正是一个成功人士所必须具备的品质。通过观察，我们发现，成功人士都善于挖掘自身的潜能。他们可以最大限度地发现人们的日常需求，并想方设法去满足这些需求，从而在与人方便的同时，达到自己的目的。

那么，我们怎样才可以挖掘出自己的潜能呢？我们要充分而全面地分析一下自身具备的诸如时间、知识、资金、体能等各个方面的资源，并进行合理掌控和规划，为实现自己的理想而服务。否则，这些资源要么是被白白浪费掉，要么就是成为“封锁”的囊中之物，我们也只能是平平庸庸、碌碌无为。

总的来说，学会沟通、提高沟通能力是我们合理利用自身资源、成功开发潜能的关键。这里的沟通，既包括我们自己与自己内心的对话，也包括与他人的互动和交流。与自身沟通，我们可以获得内心的情绪体验；与他人进行互动沟通，我们可以获得一定的社会地位和经济利益。我们可以把与自身沟通行之有效的方式和方法，运用在与他人的沟通当中，这样我们既能够有效地调节自己，还能充分调动他人为自己的理想服务。激发自身的潜能最主要的就是找到适合自己的方式来充分发挥自我和带动别人。一个人生理方面的潜能是有限的，但在心理方面，我们的潜能是无限的。所以，有时候就该对自己狠一点，也许，逼迫自己一下，你就迈向了成功的彼岸！

大多数时候，我们常常会因为太过任性，不能严格要求自己而忽略了自己的人生规划，以至于终日浑浑噩噩、迷茫而不知所措，不知道如何继续走完剩下的路。因此，不要等到生活已经把你逼上绝路的时候，你才想起要挖掘自己的潜力。想要使潜能充分发挥出来，我们应该在最开始的时候就努力挖掘它，以免被逼无奈之时才想到绝地反击，这样只会使自己经历更大的磨难。

要让事情改变，我们需要改变自己

要让事情改变，我们需要改变自己，这也是我一直坚持的做事原则。如果我们要让事情变得更好，就得先让自己变得更好。假如我不能，我就一定要；假如我一定要，我就一定能。山不过来，我就过去。世界上没有不好的人，只有不好的行动。

当你用整个生命去相信自己能做到时，你的命运就一定会改变。目标一旦明确，贵人就会出现；目标一旦明确，资源就会出现；目标一旦明确，人才就会出现；目标一旦明确，方法就会出现；目标一旦明确，动力就会无限；目标一旦明确，未来就会实现。心中若有大目标，千斤重担都能挑；心中若无大目标，一根稻草压弯腰。

不管别人怎么跟你说，请记住，命运是在你自己的手里而不是在别人的嘴里。每个人都有成功的机会，就看你给不给自己机会。混一天和努力一天，一天看不出任何差别，三天看不出任何变化，七天也看不出任何距离，但一个月后看到话题不同，三个月后看到气场不同，半年后看到距离不同，一年后会看到人生道路截然不同。眼睛一睁开就要在行动的路上。

一个人之所以能力强，是因为一直活在自己明确的目标里，而且持续为自己的梦想和目标努力行动。一个人之所以看到很多问题，看到很多悲观的事，是因为关注了错误的焦点，关注了跟目标无关的事！

不是现实决定目标，而是目标决定现实，不是成功太慢，而是放弃太快；大目标是小目标的结果，小目标是大目标的条件，可以修订计划，但不要改变目标，目标就是你未来的现实；制定目标，从未来到现在，达成目标，从现在到未来；厘清目标，迫切行动。我认为，一个人若想成功，必须作出八大改变。

改变一：自信

自信是做好一切事情的前提。世界上没有完全相同的两片叶子，没有完全相同的两棵树木，也没有完全相同的两个人，即便是双胞胎。造物主每创造一个人，就会在他诞生的那一刻，将模具彻底地毁去。我们每个人都是独一无二的。因此，我们无须去仰望别人的高度，我们不必去艳羡他人的巅峰。别人头顶的光环的确耀眼夺目，天才的才华横溢也的确让人眼红，然而，难道我们不是天才吗？相信自己，其实我们每个人都是天才，只是我们自己还不曾发现。

改变二：乐观

遇事要多往好处想，同一件事情，在不同的人眼中会呈现出两种截然不同的看法。同一片乌云，在不同的人眼中也会引发截然不同的两种态度。悲观的人会说："天哪，马上就要下暴雨了，暴雨会引发洪灾，洪水会冲毁房屋，我将无家可归，这实在是太可怕了。"乐观的人则会说："真好，要下雨了，今年的庄稼一定能有个好收成，雨后的阳光也会非常灿烂。"乌云还是那片乌云，不同的是人们的心！心若是灰色的，纵使外界五彩斑斓，世界仍旧只是灰色；

心若是多彩的，即便外界只有灰暗，我们的世界依旧会色彩斑斓。心的颜色决定着世界的颜色，心的境界决定着人生的境界，心的“眼睛”决定着命运的“眼睛”。

改变三：好学

持续不断地向“有结果”的人学习。很小的时候，我们就在念“三人行，必有我师焉，择其善者而从之，其不善者而改之”，我们听多了凿壁借光、囊萤映雪的故事，我们明白“路漫漫其修远兮，吾将上下而求索”，我们求索了无数年，结果呢？

我们应该学习，但我们学习的不是所有人，而是有结果的人，是我们需要的有结果的人！譬如一个销售员，他应该学习的榜样是乔·吉拉德，是原一平，是博恩·崔西。子曰：“敏而好学，不耻下问。”我们不仅要下问，还要上问、中问，关键不是我们要怎么问，而是我们应该问谁！人生就像是打靶，工作也像是打靶，我们每个人都有自己的靶子，每件事也都是一个靶子。我们需要射击，我们更要射中靶心！射中靶心就是有结果，没有射中就是没有结果！没有结果的人能告诉我们怎样打中靶心吗？不能！想要实现目标，我们就要去请教那些已经将目标变成结果的人，如是，做的才是有用功，我们才能得到结果。

改变四：控制情绪，学做情绪的主人

有一种犯罪行为，叫作激情犯罪。一时冲动酿成大错，这样的例子比比皆是，但前车之鉴，后世可曾视之为师？

每一个人都有情绪，快乐、悲伤、愤怒、兴奋、无奈……种种情绪交织构成了我们丰富多彩的人生。一个人若是没有了情绪，就像是一朵花失去了花瓣，再也不会绽放它的美丽。

情绪对我们来说很重要，然而，这个世界上有黑就有白，有对就有错，情绪也同样如此。情绪就像水库中的水，平常的时候温柔而平静，一旦咆哮泛滥，造成的便是洪灾，伤害别人的同时也伤害自己。

我们害怕洪水，我们痛恨开闸的人，殊不知，水库的闸门一直都掌控在我们自己手中，如果我们不想将它打开，它就永远都不可能被打开。

改变五：厚脸皮，优秀销售员的必杀技

“职场如战场”，这句话我们每个人都听过，我们本身都是这“战场”中的一员，但是，按部就班的工作、看上去安逸的生活却让我们忘记了这是一个“战场”。战场上，没有黑白，没有对错，唯有战胜者与战败者！战胜者享受鲜花与掌声，享受英雄的欢呼，坐拥一切！失败者则只能蜷缩在阴暗孤寂的角落里，默默地舔着伤口，无奈地等待着被毁灭。

这不是危言耸听，走进社会之后，我们都应该明白这种从来都无法真正掩饰的残酷。

优胜劣汰，弱肉强食，这就是现实！

想想吧，你是不是因为不好意思去贸然敲开客户的门而让自己当月的业绩亮起了红灯？你是不是因为不好意思去找楼上的“摇滚党”理论而彻夜无法入眠？你是不是因为不好意思砍价而被精明的店家狠狠地宰了一刀？

你告诉自己“人要脸，树要皮”，脸面对你来说是那么的重要，但要脸归要脸，为什么不能要个“加厚型”的脸呢？“加厚”了的脸皮，不仅“防御力”超强，“攻击力”也是相当犀利的！

厚脸皮，实际上也是一种竞争力。

职场的确没有硝烟，但职场的战争却比有硝烟的战争还要可怕。

改变六：人要衣装，佛要金装

人常说："人不可貌相，海水不可斗量。"但有的时候，人的确是可以貌相的，海水也是可以斗量的。

包装，是一种掩饰，掩饰的是瑕疵，却不是缺点；包装是一种放大，放大的是美丽，而不是谎言。包装好了，把自己卖出去，其实不失为成功的一种捷径！

你想成功吗？你想"卖"自己吗？你想成为有销售能力的人吗？你想吸引"客户"的眼球吗？你想走上更高的"货架"，卖出更高的"价钱"吗？如果你想，找一件漂亮的金缕衣，将自己"包装"起来吧，那之后，你会发现，原来生命真的可以如此璀璨，给自己"换换装"，给商品和服务"贴贴金"，这没什么不好！

改变七：保持运动，改变体质

我们曾经无数次地探问："成功路上什么是最重要的？"

还是那句话，身体是革命的本钱，没有健康的身体，一切都是虚妄。健康是一切的基石，成功、财富、荣耀等全部都摆放其上，失去了这块基石，所有的一切都会被摔得粉碎。历史和现实已经无数次地向我们证明，这绝不是危言耸听。

改变八：抓住身边的贵人

对"命中贵人"这个词，我们实际上并不陌生，算命先生都爱这么说。

"贵人"究竟是什么样的人呢？既然叫作贵人，那总归是要有"贵"的地方，是身份显赫？是地位崇高？是财富惊人？还是权势滔天？

严苛的上司、挑剔的同事、和善的长辈、亲善的朋友等与我们的人生有交集的人，其实都有可能成为我们的“贵人”！贵人并没有“脸谱化”，谁也没有规定贵人一定就是怎样怎样的，或许那个为难过你的客户就是你的“贵人”，或许那个总是唠叨你的办公室主任就是你的“贵人”，或许……

很多人埋怨自己的生命中没有“贵人”，但实际上，每个人都可能是你的“贵人”，“贵人”也总会在经意或不经意间出现在你的身边，而能否成功，并不在于你到底遇没遇到贵人，而在于当贵人出现的时候，你有没有抓住他！

想要别人成为你生命中的“贵人”，那么你首先就要成为别人生命中的“贵人”。

每个人都有眼睛，但不是每个人都有眼光；每个人都有脑袋，但不是每个人都有智慧；每个人都渴望成功，但不是每个人都可以成功。如果你想要的比别人多，那么你付出的就要比别人更多，今天你生活中的一切都是自己给予的。

学会合作，一个人学会了与别人合作，也就获得了打开成功之门的钥匙；学会分享，分享快乐是一种境界，更是一种素质；与人分享快乐，能使别人快乐，也让自己快乐。

一个人比你优秀，你尽可以放心交往，因为优秀的人散发正能量；一个人比你有德行，你尽量与他成为一个团队，因为厚德载物；一个人比你有智慧，你尽可安心与他同行，相信智慧能照亮未来；一个人活得比你有质量，你可用心与他成为知己，生命才有高度与宽度；一个人，在精神上能够引领你，请尽管放心跟随，与善者同行，与智者同频……

一个人的成就不在于他拥有什么，而在于他对社会有多大贡献。看见人家的墙要倒了，如果不能扶，那么不推也是一种善良；看见别人喝粥，如果不想让，那么不吧嗒嘴也是一种善良；看见人家伤心落泪，如果不想安慰，那么不幸灾乐祸也是一种善良——善良，其实很简单。

一个人有多大成就取决于你被谁影响。父母工作一辈子，结果都不怎么样，还让孩子听自己的话，导致孩子也不怎么样。很多老板把这个观念带到企业影响到员工，导致企业效益也不怎么好，员工收入低，人员流失。一个人生活不理想，就是学了太多有道理但没有用的东西。一个人有多大成就，取决于你的教练是谁，而不是你做了多少个行业，也不是你的产品多好——老板不学习，是对员工最大的不负责任。

最初想写这本书，因为这些年不少企业家学员、创业者多次问我类似的问题："成功有没有捷径？如何才能少走弯路，在年轻时就取得成功？"十年来，我从一无所有到今天算是小有成就，实现了阶段性成功，我决定把我的经历以及无数成功者成功的秘诀与大家分享，共同探讨快速实现人生目标、少走弯路的方法。

生活中经常遇到一些人，他们才华横溢却苦无出路，满腹经纶却郁郁不得志，三十不立、四十已惑，不由得为他们感到惋惜，因此写这本书，也旨在帮助他们少走弯路。

前面说过，我人生的第一桶金就来自我的慧眼，慧眼生财。那时我还在杭州一家服装厂打工，一次淡季放假到西湖游玩时，口渴了买水，发现景区的水比市场上贵很多，于是我便看中了这个商机——卖水。因为那时卖水的人还不多，所以利用两个淡季放假时间，我赚了六万多元，相当于我在服装厂打工两年的收入，这就是我人生的第一桶金。

我人生的第二桶金，却来得比较偶然，当时，我和德清的女友正在热恋中，去她家的时候，发现当地有不少毛领加工厂，都是为日本提供订单加工生产。由于那时候日本流行兔毛领，加工过程中，有不少零星的兔毛最后都会被处理掉。正好我去的时候女友家的亲戚送了一条围巾给我，戴上去非常舒服、温暖，从聊天中我还了解到，这样一条围巾的价格也不低。而且整个镇上每家每户都会处理掉最后零星的兔毛。

当时，一个大胆的想法冒了出来：如果我将这些兔毛统一回收，然后做成围巾，再卖给当地的服装市场，不是很好吗？

于是，我和女友开始到每家每户收购兔毛，当时收购的成本非常低，因为对于他们来说，如果这些兔毛不卖给我们，他们还需要买汽油或煤油之类的，把这些兔毛烧掉。他们看到我们收购，自然很乐意卖给我们，不管3元还是5元一斤，他们都很开心。我们收过来加工成围巾之后，拿到丝绸城给批发市场的商户，可以卖到80—100元一条，总共算下来，我的利润是成本的十多倍。

关键的是，这一年围巾卖得特别好，到年底的时候，我们初略算了一下，这一年赚了50多万。由于当时并不是从年初就开始经营的，所以我计划第二年扩大规模，但是最终因为女友的阻拦没能放手去做，不过到第二年年底的时候，仍然赚了100多万。到第三年的时候，因为大家都发现了其中的商机，所以很多人就把自己家的兔毛也做成围巾，并且在市场上，以更低的价格（20—30元）售卖。所以，我们的利润就被腰斩了，最后，我把手里还剩下的三千多条全部以30元一条的价格处理掉。

这段时间，通过售卖兔毛围巾，我为自己又积累下一笔不小的资金，也为后续自己创业奠定了基础。其实，我能够发现这一商机的原因，在于观察和分析，也因为我身处服装行业，所以能第一时间洞察其中潜在的机会。

企业经营中，不管是对外合作、资源整合还是在人才的挖掘上，都需要这样的眼光，在第一时间看到机会并抓住机会。但现实却是，很多人的一生都走了很多弯路。尽管人们都在孜孜不倦地追求成功，然而不少人在人到中年时却一事无成，甚至不知道自己想要什么、想去哪里。

有一次，一位老顾客跑来向我诉苦，原来他的苦恼在于自己年龄已经很大（当时48岁），但没有稳定的工作，父母也卧病在床，自己却没能力赡养他们，不知道自己该做什么、能做什么。我了解了他的经历之后，非常惊讶：他的人生阅历比一般人丰富得多，年仅48岁的他竟然做过58份工作，当过司机，做过总经理助理，办过工厂，经营过餐厅……十几年前，他每个月的薪水就已达到八千多元，为什么今天他却一无所有？

听完这位老顾客的故事，我感慨万千，一个本有机会获得成功的人，如今却一贫如洗、一无所有。究其根源，就在于他走了很多弯路。

人生就如同开车，当我们想要去一个地方，首先要清楚终点在哪里，也就是人生目标是什么。在通向目的地的过程中，我们要找到最适合自己的那条快速通畅的路。

想要快速达成目标，那么你需要清楚地认识自我：想做什么、能做什么、成为什么样的人、取得怎样的成就、目前所处的位置、有什么特长……正所谓“知己知彼，百战不殆”，在明确了目标之后，你才能少走弯路，以最快的速度获得成功。

我见过很多大学毕业生，他们满怀抱负走出校园，希望在工作中施展才华，然而现实却是残酷的，大部分人毕业就失业，有的走上工作岗位之后便迷失了方向，他们发现在学校学到的知识完全派不上用场，好不容易找到一份工作，却与自己的梦想相去甚远，于是他们频繁跳槽，不断变换工作……结果呢？五年、十年，甚至更长时间他们都一事无成，就像前面提到的那位学员，博而不精，什么都做过，又什么都做不好。

我也曾感到前途迷茫，走过很多弯路，我相信大多数人也都有过这样的感受。幸运的是，通过不断向成功人士学习，我最终找到了方向，找到了人生目标，也快速实现了我的目标，改变了我的人生轨迹。

我希望有缘读到本书的朋友，能够得以借鉴，在未来，在追求成功的过程中放亮眼睛，寻找捷径，少走弯路。

不要等到开心了才微笑

不要等到开心了才微笑，其实只要你微笑就会开心。把微笑挂在脸上，不是为了迎合别人，而是取悦自己，心态决定未来。

每个人，无论在生活还是工作中，都应该保持积极的心态。现实中，很多人在工作中一遇到困难和不开心的事，就会挂在脸上，但我绝对不允许自己这样做。相反，我会很好地转换过来。比如，以前上班的时候自行车被偷了，我就会立刻告诉自己：这太好了，我又有机会通过跑步的方式去上班，又可以锻炼身体了；如果哪一天领导把我骂了一顿，我会立刻告诉自己：太好了，新的成长机会又来了；再比如说某一天我的顾客提出意见或是投诉我，我也会立刻告诉自己：太好了，顾客之所以提意见说明他还在关注我们，证明我们还有继续提升和发展的空间。

在色彩一秀经营过程中，我也将同样的理念在公司推广开来，现在，不少员工在遇到不开心的事情时，都能够很快地调整过来，每天都斗志昂扬。

“人生的道路都是由心来描绘的。所以，无论自己处于多么严酷的境遇之中，心头都不应为悲观的思想所萦绕。”京都陶瓷株式会社社长稻盛和夫先生曾经这样说过。冬天很寒冷，但心是温暖的，世界就是温暖的；夏日很炎热，但心是清凉的，世界便也是清凉的。从出生的那一刻起，我们便被教导要保持理性，但理性，却不妨碍我们乐观一点儿，把事情想得好一点儿，不是吗？生活中，我们常听到这样的话："快乐是一天，痛苦也是一天，既然如此，我们为什么不快乐地活着呢？"是啊，我们为什么不快乐地活着呢？我们用这样的话一遍又一遍地安慰自己，可是我们做了吗？我们活得快乐吗？我们抱怨这个埋怨那个，我们觉得自己过得很苦，我们觉得这个世界对自己是如此不公平，我们认为自己是世界上最不幸的人，然而，真的是这样吗？

圣诞夜，一个男人站在破旧的小屋窗前，看着远处灯火辉煌的豪宅叹息连连："我的房子是如此的破旧，为什么我不能住上豪宅，主啊，您可真偏心！"正在这个时候，一个衣衫褴褛的乞丐走过他的窗前，蜷缩着身体，瑟瑟发抖地躺在了街边的长椅上。男人突然觉得惭愧，喃喃低语："主啊，感谢您赐予了我一栋房屋，让我能够逃避寒冷。"

得陇望蜀，是人的天性，贪婪是一种原罪！我们总是埋怨自己得到的太少，为什么不想一想那些根本就没有得到的人？我们常常为工作的无聊繁重而唉声叹气，却为什么不想一想很多人还没有工作？

古人云："知足者常乐。"置身在这个高速发展、物欲横流的世界，现实压迫着我们不能知足，因为知足将会把我们打进不思进取的深渊，但常乐呢？我们为什么不能常乐一些？用快乐的眼光看困难，看到的将是困难之后的成功，而用悲伤的眼光看世界，看到的永远都是沉沦困境的黑暗。

我曾听过这样的一个故事：小王和小李都是M公司的销售员，入职的时候，他们接到了同样的销售任务——一周内卖掉500套化妆品。接到任务之后，小王感到为难，500套，七天，这怎么可能？我一定卖不掉，我要是卖不掉就说明我的能力不行，我不能干好销售员，公司肯定会把我开除的。小王越想越觉得这种可能性非常大。他每天都拿着化妆品到街上叫卖，叫卖的声音越来越小，到最后他干脆不叫卖了，因为这几天买化妆品的人真的很少。他抱着化妆品在公寓中发呆，因为他觉得自己肯定卖不出去了。

而同样接到这个任务的小李则每天都带着微笑出门，他相信，经理既然将任务交给他们，就一定能够完成。也许这就是经理的考验，只要卖出去了，就会得到最令人惊喜的奖励。抱着这样的想法，小李干劲十足。他没有像小王那样盲目地上街去叫卖，而是将化妆品带到女性比较集中的公共场所，打起了免费试用的牌子，结果许多女性被吸引，试用后觉得不错，掏钱购买的人也有不少。七天的时间过去了，小李成功卖出了784套化妆品。

当成绩摆上经理的桌案，经理笑了，他当场就提升小李为销售组长，小王则因为业绩低下而被扣了奖金。小王的能力比小李差吗？不一定！但面对工作、面对生活、面对困难的不同态度却让结果变得迥然不同。

乐观积极的态度总是会激励人们奋进努力，带着无限的热情去解决困难，因为人们相信只要克服了困难，就会迎来最明媚的晴天。相反，悲观消极的态度则是扼杀激情与才智的罪魁祸首，凡事都往最坏的方向想，事情又怎么可能往好的方向去发展？

太阳很伟大，太阳很光辉，但太阳上面依旧会有黑子。这个世界上没有什么是完美的，没有谁的人生是永远平坦的。既然如此，我们为什么不能带着自己的缺憾演绎一份独属于自己的完美呢？

海伦·凯勒的生命中充满黑暗，但她留给了我们《假如给我三天光明》；斯蒂芬·霍金全身瘫痪，但他创作了伟大的《时间简史》；拿破仑天生矮小，但在他的带领下，法国铁骑几乎踏遍欧洲。

有的时候，成功并不在于上帝给了我们什么，而在于我们给了自己什么。怨天尤人是懦夫的行径，唉声叹气不能减少一丝伤害。福祸相依，当“祸”如期降临，我们为什么不能对即将到来的“福”充满期待呢？

没有人能决定我们的人生，除了我们自己，不是吗？所以，乐观一点儿，积极一点儿，用充满阳光的眼睛看世界，你看到的便是满眼明媚！

不是每一个贝壳里都有珍珠

不是每一个贝壳里都有珍珠，但珍珠一定出现在贝壳中；不是每个人努力都会成功，但成功的人一定很努力。同样都是珍珠，不同等级却有着不同的价值，有的10元一颗，有的却10万元一颗。人才也一样，同样都是人才，收入却相差 N 倍。

要想成为10万元一颗的珍珠，至少就要多付出10倍的努力。是，还是不是？给自己一个答案，然后问问自己，为了成功，你付出了多少？

上帝创造了人类，每一个人都是上帝的孩子，上帝爱他的每一个孩子，上帝对他的每一个孩子都是公平的，不会刻意地去偏袒谁，也不会刻意地去为难谁，上帝的手中永远都有着一张兑换表，没有兑换到成功的人，只能说付出得不够！

“我不在乎你是否失败了，我关心的是，你是否满意于自己的失败。”亚伯拉罕·林肯总统曾经这样说过。自从诞生，每一个人实际上都站在同一生命起跑线上，之所以有的人健步如飞，有的人裹足不前，只是因为他们的“心”不一样。

成功者在踏上跑道的那一刻，就将心中所有的犹豫、懈怠、拖延通通都当作垃圾清理了出去，留在他们心中的，便只剩下努力与坚持。而失败者，却还在起跑线上踟蹰不前，因为他们不知道前路如何，因为他们没有踏上跑道的胆量！

每一个人的命运如何，不是上帝决定的，而是自己决定的，因为，你的人生是你自己的地盘，能做主的只有你自己。是任由人生荒芜还是勇敢地去耕耘？

一个默默无闻的小写手曾经满怀虔诚地向一位知名大作家请教："大神，请问您成功的秘诀是什么？您究竟是怎样炼成的？"大作家笑了笑，很认真地回答："努力，大神都是努力炼成的！"

小写手愕然："大神，您不是在忽悠我吧？努力也能让人成功吗？我也很努力，我每天都码一万字，可是我连成功的影子都没有看到。"

大作家拍了拍小写手的肩膀，说："是的，我知道，你努力了，我也努力了，但我的努力却比你多10倍！"

其实，这位大神所说的，是每一位成功者的心声，表面的璀璨夺目，都是历尽艰辛和不断耕耘之后的结果，而真正成就他们的根本，就是这一份简单而又朴实的勤劳。这也是我和我的团队所一直倡导和坚持的。每当有朋友或者学员问我，你为什么能取得现在的成功时，我总喜欢跟他们分享这样一个故事。

以企业人才招聘为例，其实对一个企业来讲，其长远发展的关键就在于人才，而招聘就直接关系到进入企业的人才是否优质。之前在公司人员招聘的时候，我都会反复叮嘱负责招聘的伙伴们：每一次的员工招聘，其实就像是在选珍珠，而人才就是待选的珍珠。有时候，招聘一百个人也不一定有珍珠，但我们应该调整心态，因为珍珠产出的比例本来就很低，而且即使获得了珍珠，最终能够成功的也少之又少。所以在招聘中，始终应该分清，哪些人进入公司之后是为了开展工作，哪些人是为了产生盈利。有了这样的思路，自然也就能够平衡心态，也更能善于发现珍珠。

著名销售大师克莱门特·斯通小的时候，家里非常穷困，他6岁的时候就出现在芝加哥的街头，成为了一名报童。

和其他人不一样的是，克莱门特不仅会一遍一遍地沿街叫卖，还会抱着厚厚的报纸往人员密集的地方凑，尤其是饭店。事实也证明，饭店的确是卖报纸的福地，可是，一个报童的出现无疑会引起饭店老板的厌恶。富乐饭店的老板防克莱门特就像是防贼一样，却从来都防不住。

趁老板不注意的时候，克莱门特总是能偷偷地溜进来，向客人们兜售他的报纸，无论被斥责多少次，无论被赶出去多少次，他都会迈着小腿，睁大眼睛，瞅准机会，再次溜进来。渐渐地，拿克莱门特没有任何办法的老板终于默许了他的行为，小小的报童克莱门特也成了富乐饭店最独特的一道风景。

多年之后，当克莱门特功成名就的时候，已经和他成为忘年交的富乐饭店的老板还是会一遍遍地为他当年的努力所折服。

克莱门特为什么成功？不是他比别人智商高，不是他比别的报童长得可爱，而是因为他足够努力！当别的报童满脸失望地结束叫卖时，他没有！他钻进了富乐饭店，一次又一次，即使次次都被驱赶！

他比别的报童多付出了10倍的努力，所以他理所当然地得到了高于其他报童10倍的报偿，他成功了！

天上从来都不会无缘无故地掉馅饼，即便是掉馅饼也不会无缘无故地砸到你头上，对于不够努力的人来说，如果你真的被砸到了，那么，你最该做的，是先确定，砸到你的究竟是馅饼还是陷阱，抑或是以馅饼为诱饵的陷阱！

世界上没有免费的午餐，上帝的天平永远都不会失重，得到一样东西，就必须要失去一样东西，收获一样东西就必须要付出另一样东西。既然想要收获成功，那么就必须去交换，而相较于机遇、才智等交换条件，努力对我们来说无疑更容易支付。

或许，你会说，并不是所有努力的人都收获了成功。有的时候，付出与收获也不成正比，纵使得到的结果并不尽如人意，然而最起码有了结果，有了收获。但若是根本就不努力、不付出，收获从哪里来？

当然，报纸并不是所有人都卖过，克莱门特的成功也不可复制。台上十分钟，台下十年功，没有谁能够随随便便成功，一分收获绝对来自一分耕耘，努力越多，生活回报给我们的也就越多。生活如此，销售也如此，如果你比别的销售员勤快十倍、关心客户多十倍，那么你不成功就没有道理了。

事实上，社会就是一所囊括了所有人的学校，每一个人都在其中学习和工作，销售只是其中的一个分校，而每一个销售员都是分校中的一名学生。成功的销售员就是那一部分学习好的同学，你看到了他站在领奖台上的光鲜，却并没有看到他在台下流着泪水不断拼搏的努力。

正能量的人必须是“三自”的人

一个有正能量的人，必须具备三种能力：

一是自律，认真管理好时间，自己每天有效率地做最重要的事，见最重要的人。

二是自愈，大成功者都是经受过大磨难的人，必须有愈合自己伤口的能力，才有机会接受更大的挑战，成就卓越。

三是自燃，无论多疲惫，遇到多大困难挑战，只要一出现在公众面前，立马激情四射，光芒万丈，影响别人。

著名培训导师王洋老师提出五项管理，即心态管理、目标管理、时间管理、学习管理、行动管理。其中，在心态管理上，主要是通过对心态管理树立正确的认知，以便能正确地评估心态，促进我们达到积极乐观的状态；在目标管理上，主要是通过正确的目标设定，助力于我们更好地实现目标；在时间管理上，主要通过掌握时间管理的方法，让我们抓住工作中的要点与重点；而在学习管理上，主要通过了解正确学习的方法和途径，让我们实现持续改进；最后，在行动管理上，则是通过每天持续的行动，养成行动的习惯，提升效率。

图 3-1　五项管理

心态管理

一个人做事，首先要有正确的工作态度，也就是我们常说的“心态”。“积极的心态像太阳，照到哪里哪里亮！消极的心态像月亮，初一、十五不一样！”

虽然从文字上来看，“积极”和“消极”也就一字之差，但正是这一个字，却为我们的人生和事业带来了天壤之别。其中的关键，就在于对于每一个人来说，心态就是内心的想法和外在的表现，它对我们的日常生活中的点点滴滴都起着至关重要的作用。

但任何事物都有消极和积极的一面，我们对外界事物的看法，时刻在折射出我们自己的心态。如果你是积极的，那么，你所看到的就是乐观、向上、进步的，你的人生、工作、事业等也是积极向上的；如果你是消极的，那么，在你眼里所看到的一切，也是悲观、无望、灰暗的，你也无法乐观起来。如下表所示，消极的态度并不能为我们带来成功。

表 3-1　消极心态的影响与危害

消极态度对人的影响				
错失机会	湮没希望	消耗精力	阻碍潜能发挥	无法享受人生
消极导致人们犹豫不决而忽视机会的存在	消极的人总喜欢找理由、借口，缺乏责任感，对工作和事业缺乏动力和热情	消极者遇事停滞不前，其实质是在浪费生命和时间	消极者无法看到事情积极、阳光的一面，对自己处处设限	消极者缺乏目标感，很少看到生活中的美好，用抱怨、失望等心态取而代之

相反，据相关数据研究显示，那些取得成功的人士中，85% 的人表示是积极的心态决定了他们的成功。因此，对于我们来说，有什么样的心态，就意味着我们有什么样的思维和行为，也就决定了我们有什么样的未来和人生。

值得注意的是，良好的心态管理是五项管理的前提条件，在学习之后，我也将这一理念带回公司，让大家都深入理解和研究，真正将其融入到自己每一天的工作中去，让全公司上下都拥有积极的心态，如下图所示。

积极心态							
快	认真	坚守承诺	保证完成任务	绝不找借口	爱与奉献	自信	乐观

图 3–2　积极心态的八大关键因素

目标管理

除了积极心态以外，我认为，这个课对我最大的影响是让我改变了很多不好的工作习惯。做好每天的规划，并按期执行，这就是我们常说的目标管理。

正所谓“世界上没有懒惰的人，只有没有目标的人，没有目标就没有动力”。积极的心态只是我们实现成功的第一步，如果说心态是地基，那么目标就是构成成功的砖和瓦。

成功就是实现有意义的既定目标。我们要明确什么是有意义的既定目标，并知道为什么明知道设定这个既定目标很重要，却一直没有为自己设定这样一个目标，如下图所示。

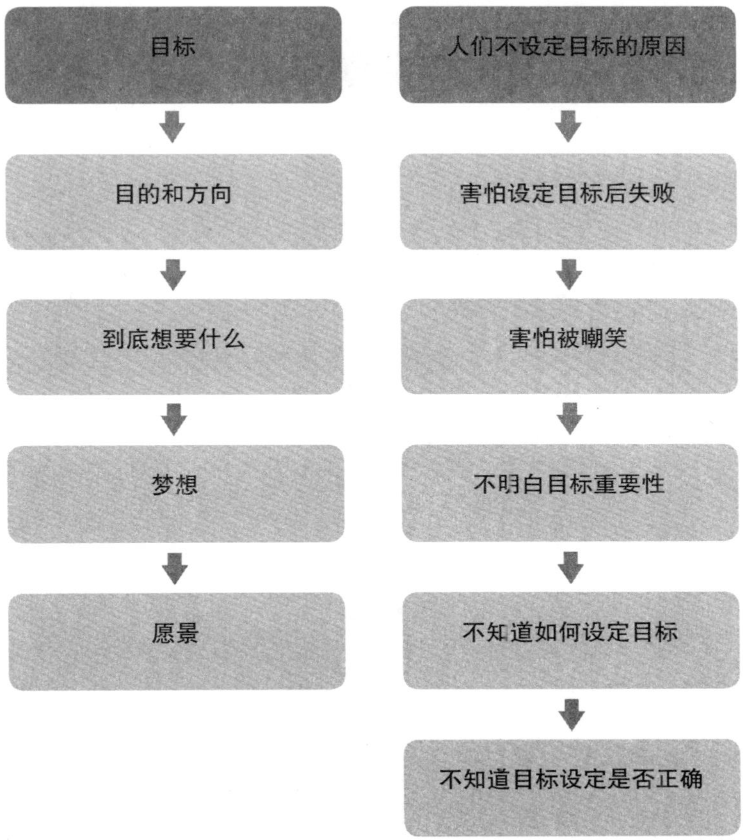

图 3–3　目标与不设定目标的原因

其实，想要正确地设定目标，并没有我们想象的那样复杂。关键就在于我们要掌握正确的目标设定步骤。具体来说，目标的设定，主要包括四个步骤，如下图所示：

图 3–4　目标设定的四个步骤

第一步，找到你人生的终极目标。提到终极目标，不少人都会退却，原因就在于他们并没有清晰明确的目标。而要设立终极目标，我们需要跳出原有的思维定式，具体来说，一是抛开可能失败的因素，大胆地设想在最理想的情况下，你想要什么样的生活、事业和人生；二是打破当前的限制，放眼未来你所想要达到的成就：

图 3-5　寻找终极目标的三个步骤

第二步，分析目标。在找到我们的人生目标之后，是全面分析目标：一是要对每一个目标都扪心自问，反复确认这就是自己一直以来想要实现的目标，并确保自己将全力以赴；二是问自己达成目标之后的感受和体验；三是分析要达到这些目标目前具备、缺乏哪些条件：

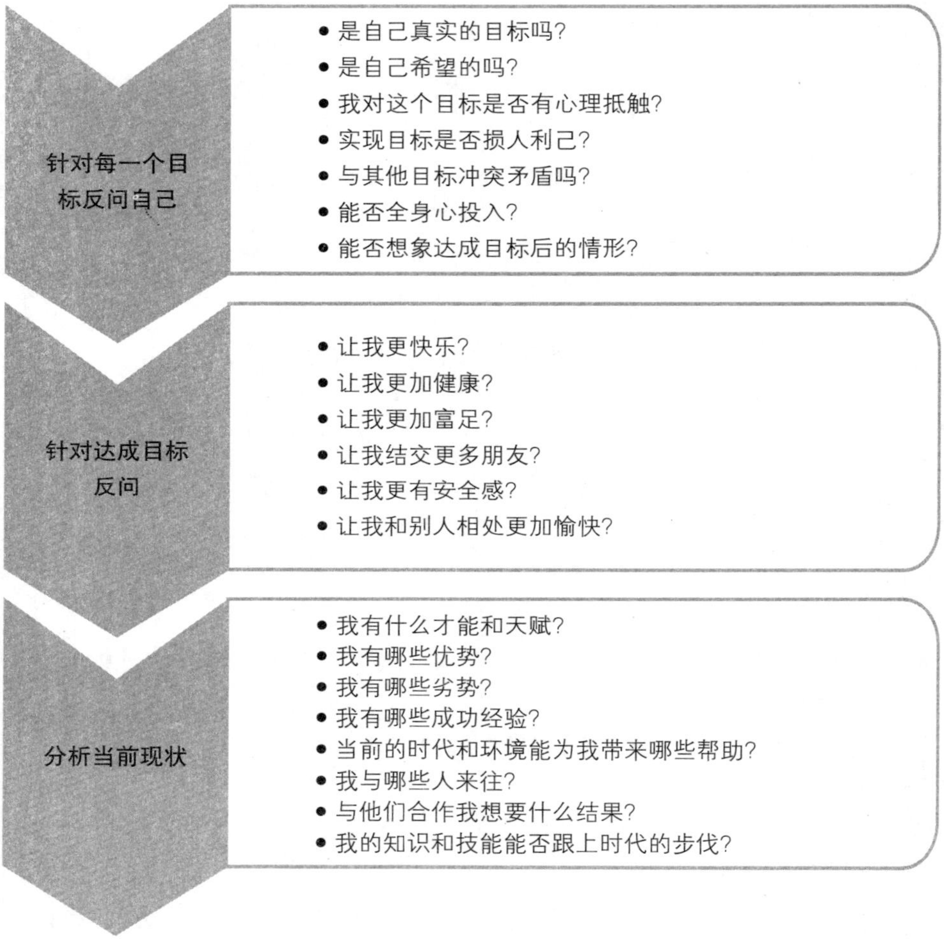

图 3–6　目标分析的三个关键点

第三步，寻找支持和帮助。这是实现目标的重要环节，针对第二步中实现目标的阻碍、知识技能的缺乏以及要实现这些目标所需要的团队，寻找支持和解决的办法：

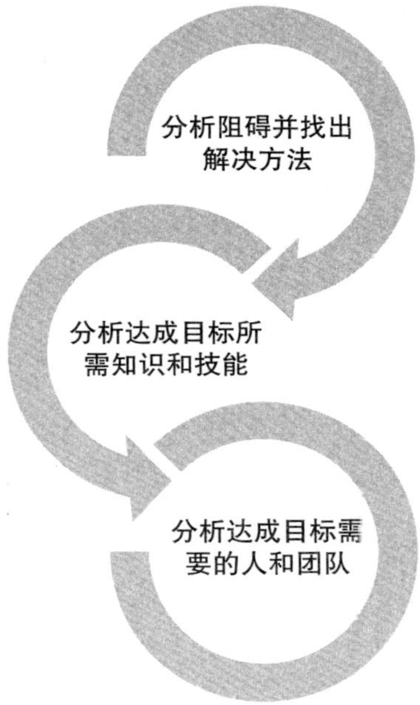

图 3–7　寻找支持和帮助的三个要素

第四步，立即行动。最后一步，在前期准备工作完成、目标明确之后，需要我们做的，很简单——执行：

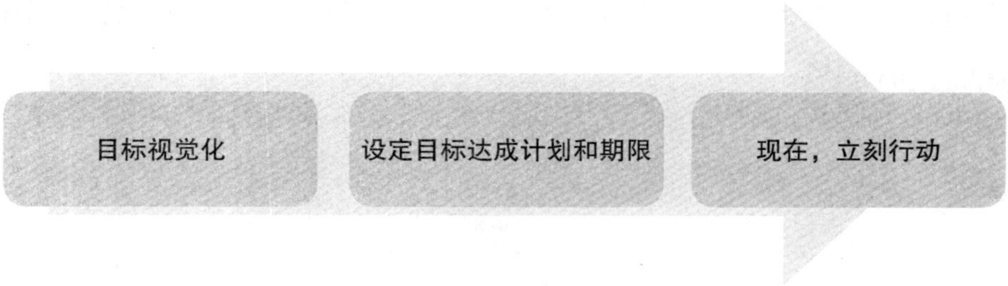

图 3-8　立即行动的三个步骤

在企业的日常管理和经营中，目标设定之后，还需要将目标逐一分解下去。首先，设定年度目标，然后再设定月度目标，以此类推，分别再设定周目标和日目标。在设定目标时，也应注意设定目标的时间点。

很多企业会让员工在工作当天早上设定当日目标，但这其实并不是正确的方法，最好的目标设定时间点是：年度目标在上一年年末前设定，月目标在上月月末前设定，周目标在上周五前设定，日目标在前一天晚上设定。

目标的设定只是开始，在达成目标的过程中，我们还需要坚持每周总结、反省和改进，每月总结并修正目标和方向，循环往复地坚持使用目标管理体系。

时间管理

每个人都很重视自己的生命，也重视理财，但值得思考的是，在我们的日常生活和工作中，却并没有那么多人，能够认真地重视对自己的时间管理。

目标管理帮助我们梳理工作任务的结果和方向。而时间管理则能进一步帮助我们分清事情和目标的轻重缓急，不断优化和提升我们的效率。

首先，我们需要明白的是：到底什么才是时间？对于时间的解读，不同的人有不同的看法。但如果我们将多种观点整理融合之后，往往会得出以下结论：时间是生命、是财富、是资源，时间也是我们每一个人最大的、最宝贵的资源。

如果我们再进一步分析时间的特性，那么，我们就会深刻地理解时间的重要性和独特性。尽管，对于我们每一个人来说，时间都是相等的；同样，对于任何人来说，时间都是不可增减、不可缺少、不可贮存也不可替代的。而幸运的是：时间是可以管理的！

从定义上说，时间管理对我的意义是：通过时间管理，用最快的时间达成最有价值的目标，实现平衡、健康、快乐和富足的人生。

要想正确地进行时间管理，在开始之前，我们首先要对自己当前的时间管理进行自检和诊断，以明确自己当前的时间管理现状，进而有针对性地改进和完善：

表 3–2　自我时间管理检查跟进表

项目	现在	1个月后	6个月后	1年后
你是否热爱当前工作并始终保持积极心态？				
你是否正式制定了近期、中期和远期目标？				
你是否将每天的工作按重要程度理出主次顺序？				

续表

项目	现在	1个月后	6个月后	1年后
你是否在工作的过程中持续关注目标而非过程?				
你在工作中是否以目标结果为导向?				
你是否将时间管理视为生命或等同货币价值?				
你今天为你的近期、中期和远期目标做过什么工作?				
你是否为每天的计划和问题思考留出时间?				
你是否能合理利用上下班时间?				
你是否合理用午餐，以避免下午犯困?				
你是否留出足够时间处理危机和意外事件?				
你是否对当前工作进行充分授权?				
在部门或下级管理中，是否“权责一致”?				
是否阻止下级对他们认为棘手的工作“倒授权”?				
是否养成有条理的习惯?				
你是否保持办公桌面简洁整齐，方便高效办公?				
你是否能够马上行动?				
你是否养成迅速作决策的习惯?				
你是否对自己和别人的工作给出期限要求?				

续表

项目	现在	1个月后	6个月后	1年后
你能否果断中止那些毫无收益的活动?				
你是否运用80/20法则解决问题?				
你能否对一种工作只作一次处理?				
你是否留出时间为下级提供培训?				
你是否利用工具来进行时间管理?				
你是否主动寻求替代会议的各种途径?				
你是否想方设法提高会议的效率?				
你是否进行时间统计以更好地管理时间?				
你是否通过检查时间分配以杜绝各种浪费?				
你能否将重要的工作安排在工作效能最佳时间?				
1. 我现在已经做到____项____年____月____日　目前做到事项的百分比为____%； 2. 我现在已经做到____项____年____月____日　1个月后做到事项的百分比为____%； 3. 我现在已经做到____项____年____月____日　6个月后做到事项的百分比为____%； 4. 我现在已经做到____项____年____月____日　1年后做到事项的百分比为____%。				

有了时间管理自检表，我们能够很好地检视自己在时间管理上的提升和进步，但这还不够，良好的时间管理一方面需要我们对时间进行合理安排，

主动管理，另一方面也需要我们对那些造成我们时间浪费的人和事坚决地说“不”。而在这之前，我们需要仔细识别，到底是哪些因素造成了我们的时间浪费：

表 3-3　造成时间管理浪费的各种因素

<table>
<tr><th colspan="3">内部</th><th colspan="2">外部</th></tr>
<tr><td>缺乏计划</td><td>缺乏条理与整洁</td><td>不懂授权</td><td rowspan="3">上级领导浪费时间</td><td>开会、电话、不授权、官僚</td></tr>
<tr><td>没有目标</td><td>找不到办公物品</td><td>盲目承诺</td><td>制度死板、步骤繁杂、信息不对称</td></tr>
<tr><td>拖延</td><td>简单事情复杂化</td><td>越权指挥</td><td>权责不清、目标不明确</td></tr>
<tr><td>不抓重点</td><td>懒惰</td><td>救火</td><td rowspan="2">工作系统浪费时间</td><td>访客、官方文件、员工离职</td></tr>
<tr><td>事必躬亲</td><td>浪费别人时间</td><td>完美主义</td><td>人员不足、培训不够</td></tr>
<tr><td>有头无尾</td><td>不会拒绝请求</td><td></td><td rowspan="2">生活条件浪费时间</td><td>通讯、网络、交通、住址</td></tr>
<tr><td>一心多用</td><td>盲目行动</td><td></td><td>朋友闲聊、环境</td></tr>
</table>

最后，想要合理地管理好自己的时间，还可以通过时间管理方法来协助我们。通常来说，常用的高效的时间管理方法主要有以下10种：

（1）生命规划：包括“年一月一周一日”目标管理系统、“事业一财富一家庭生活一学习成长一人际关系一健康休闲”六大人生领域规划以及

“每周目标—总结”平衡体系。

（2）要事第一：首先是分清事情主次顺序、要事第一；接下来是运用ABC法则，即最重要的事情自己做，重要的事情压缩做，次重要的事情授权做；三是有效判断A类事情，即带来最大价值、不做就错失机会、别人不能替代；最后是用高效时间来确保A类事情优先完成。

（3）每日管理：一是记录每天的工作时间分配；二是列出每天要做的事情并注明消耗时间。

（4）任务清单：详细记录下“谁”做、完成期限和明确任务。

（5）按照记录的时间，对任务按时检查，对承诺准时检查。

（6）当日事当日毕，对完成的、没完成的标注出来并总结成果。

（7）对所有事情设定期限，不被动等待。

（8）条理分明：能做到的事情立刻决定，待做的事情记入日志本，保留的事项立即归档，作不出决定的先扔掉。

（9）立刻行动：立刻记录，天天总结，立刻改进。

（10）授权：合理、有效地将手中的工作和任务分派下去，并给予下属充分的授权。

学习管理

进入21世纪之后，企业的管理进入日新月异的高速状态，企业管理者对于管理的认知也有了更多的认识和理解。首先就有那句经典的一问一答的电影台词：“21世纪什么最贵？”“人才。”随后又提出了“学习力”这一概念。的确，不管是企业还是个人，只有不断学习，才能持续成功！

但要注意的是，即便是学习，也是需要方法和管理的，而第一步，则是明白学习的重要性。其实，在这一点上，我们仔细阅读历史就能看出：工业革命取代农耕时代，信息时代取代工业时代，其中的关键就是新技术的不断提升和发展，而背后，离不开投身于这些行业的每一个人的学习。

但学习也是需要方法和管理的，对学习的管理，主要有以下四个要点：

（1）明确学习的目的和动力：每个人对学习的看法都不一样，但总的来说，主动学习的人，通常都希望通过学习，增加自身价值，并通过学习创造更多价值。而通常主动学习的人也都是不满于现状，希望提升自己的，正所谓“居安思危”，只有登高才能望远，而学习就是打开我们眼界的最佳途径。

（2）理解学习的重要性：关于不学习会导致怎样的后果，古往今来的教训和案例已经数不胜数，但结合当前社会的发展来看，毫无疑问，如果我们不学习，势必会跟不上社会变化的节奏，也会因为知识没有及时更新而导致思想僵化，最终导致我们与社会发展脱节，削弱个人竞争力。

（3）掌握学习的捷径：这里所说的捷径，并不是一下子让我们获得大量知识或者是看完多少书。更为准确地说，学习的捷径在于，我们一方面要善用他人的积累和智慧，向那些善于学习、高效学习、通过学习获得成功的人学习；另一方面，更要持之以恒地学习，绝不能因为短时期内没有提升就将学习搁置下来。

（4）合理规划学习，实现循环学习：这一点是提升我们学习力的关键。首先，从“学习”这个词来看，学与习既相互独立又是一个密不可分的整体。学习本身就是一个从知识到实践的过程，而这一实践的目的是为了改变和提升，同样，检验我们是否改变和提升的有效方法也是实践，因而，我们就得到了这样一个循环：

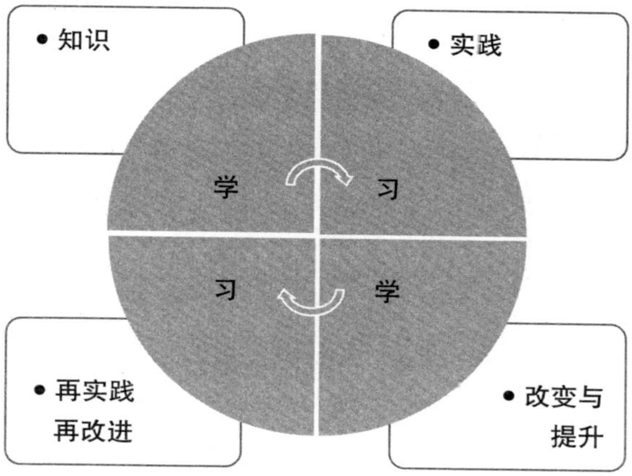

图 3–9　寻找终极目标的三个步骤

行动管理

提到行动管理，相信每一位企业管理者都会有自己的感慨，因为有太多不堪回首的案例与事实，不停地告诉我们：行动对于一个人、一个团队、一个企业来说，是有多么的重要。

如果用管理学上的一个词语来解释行动，“执行力”无疑是最好的诠释，而在现实生活和工作中，行动总是不可避免地和“机会”“等待”“立刻”等词语放在一起。可见，行动对于每一个人来说，都是那么重要和微妙。

可以毫不为过地说，行动就是一切成功的保证。尽管行动了我们不一定成功，但没有行动我们绝不可能成功。对个人行动的管理，也是我们日常的自我管理中一个重要的组成部分。要做好行动管理，需要从四个方面着手：

（1）找出“不行动”的原因和理由：不行动背后的原因和动机有很多，但总结起来，不外乎就两点，一方面是缺乏清晰明确的目标，另一方面则是因为失败的次数还不多，因此带来的痛苦和挫折还不够。

（2）找出行动的原因：与不行动一样，一个人之所以行动，也不外乎分为两种类型，一种是追求快乐，另一种是逃离痛苦。

（3）掌握促成行动的六个步骤：要促成行动，也是需要一定方法和步骤的，第一步是明确想要得到怎样的结果；第二步是如果达不成目标会有什么痛苦；第三步是不行动有什么后果；第四步是如果立刻行动有什么好处；第五步是设定明确期限，立刻行动；最后一步是将设定好的计划和目标公之于众，让大家共同见证自己实现目标的过程。

（4）立刻行动：实施行动最有效的方式莫过于立刻行动。但在实际的工作中，我们却经常看到这样的现象，很多人花了大量时间去制定一个详尽且具体的目标和实施计划，但到最后一步行动的时候，却始终迈不出脚步，最后因为时机的错失而让计划胎死腹中，这样的例子不胜枚举。

最后，如果我们将五项管理作为一个整体来看，则会发现，在成功的路途中，五个要素都必不可少。其中，心态是成功的基础；目标是成功的方向；时间是成功的过程；学习是成功的源泉；而行动则是成功的保障。

听完老师的五项管理课程，我深感自律的重要性，如果不能严格要求自己，合理安排时间，付出行动，是不能实现这五项管理的。也正是这个内容让我感触很深，觉得这个课程很适合每个企业的管理人员去听。由于深感这

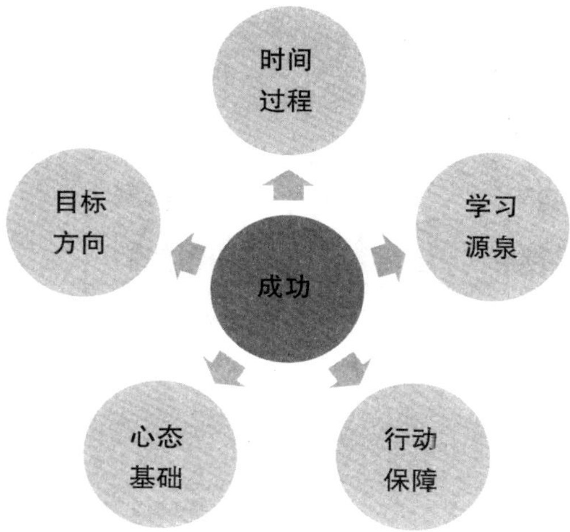

图 3-10　成功与五项管理的关系

门课程的价值和重要性，最后，我让团队伙伴小陈以及夏厂长也去上这门课程，再转授给其他伙伴，最终让全公司所有伙伴一起学习成长。

自愈主要就是要控制自己的情绪，顺应事态的变化而加以调整，使之向好的方面发展，不要把负面情绪带到工作中。如果老师把负面情绪带到工作中，他将培养不出好的学生；如果老板把负面情绪带到工作中，他将做不出什么业绩；如果下属把负面情绪带到工作中，他就不可能把工作做好。

自燃，主要就是自身的转化能力，当萎靡不振的时候，遇到激发，能量便狂飙式地喷发，立即给人一种斗志昂扬、精神向上的风采。

只有拥有以上三点，才能激发你的潜能，释放成功的活力。我们每一个人身上都蕴藏着无法估量的巨大潜能，只要这种潜能得到发挥，必然能成就一番了不起的事业。

有研究发现，那些在人类历史长河中有着突出贡献的人们，并非天生神童，或是有着独特的身体构造，他们只不过是比别人更多地发现了自己的潜能，并使之得以有效利用而已。到底是什么让他们取得了如此非凡的成就？是对自己能力的充分认可，是对成功的强烈渴望以及对目标永不放弃的追求。在这些要素的共同作用下，他们展现出惊人的才能，爆发出常人所不及的力量。

有人仰慕山的高度，其实只要挖掘自己的潜能，就可以塑造生命的高度；有人惊叹海的深度，同样，只要我们挖掘自己的潜能，就可以开拓灵魂的深度。我们大可不必在自身以外的环境中，去苦苦寻找那成功的金钥匙，因为决定我们人生高度和深度的力量就在我们自己身上，唤醒它，你必将大有收获！

潜能就是随时等待爆发的火山，古人云“厚积薄发”，潜能就像是内心潜藏的一座蓄势待发的火山，内部滚热的岩浆时时在地下涌动，虽不时常喷发，却为亟待喷发的那一刻不断蓄积能量。

每个人的心里都有一座亟待喷发的火山。无论你的地位高低，无论你的财富多少，无论你的知识渊博与否，无论你的年龄大小，随时都有可能因为心底潜藏的火山爆发，创造出自己都无法想象的奇迹。有梦想的人是幸福的，因为有梦想才会激发内心那座小火山，发挥自己的潜能，创造奇迹。

前些日子，我有幸受邀参加朋友公司的一个半年业务峰会，听到了一个激励人心的感人事迹：一位七十多岁的阿姨从无到有，从有到富有，从富有到博爱的精彩后半生。

图 3-11 色彩一秀爱心公益行

谢阿姨已经七十多岁了，好多跟她差不多年纪的，基本上都过着在家颐养天年、含饴弄孙的晚年生活。可她不，一个偶然，她进入了某公司。当时她的领导说："谢阿姨，我们一起来做一个生意，这个生意会让我们的人生变得不一样。"谢阿姨听到这样一句话，觉得十分可笑和不可思议。谢阿姨笑着问："我这样的年纪还想改变人生，还能做生意，你是在开玩笑吗？"领导真诚地告诉她："为什么不能做？只要您敢于拼搏，愿意付出，努力坚持，您的人生就会被自己改变。"

或许是领导的真诚触动了谢阿姨心底那座想要创造奇迹的小火山，谢阿姨真的像个刚刚工作的年轻人一样，每天都在学习和付出，别人只要一天能学会的东西，谢阿姨要比别人付出更多的时间和精力。就连吃饭、做家务的地方，都随处可见她那一张张写满文字的小纸条。晚上困了，她就拿一根生辣椒，放到嘴里咬一口提提神，接着学习。谢阿姨的丈夫和几个女儿都认为她疯了，说她好好的生活不去享受，都这把年纪了还想什么做生意，改变人生。家人的不理解、不支持并没有让她放弃。谢阿姨记住了领导的那句话，鞭策自己要拼搏、付出、坚持。

从一开始一个月几千元的收入，到一个月几万元，再到后来的几十万元，家人才发现原来谢阿姨真的改变了人生。谢阿姨说，以前丈夫是一家之主，什么都是他说了算，当她拿着几十万元的薪水和公司的奖励回家时，丈夫开门迎接她，微笑着对她说：“谢领导，您回来了，辛苦了。”二女儿也成了她聘请的司机。

曾经，在那些文人挥毫的笔下，潜能以各种各样的形式出现在我们面前，流传于世：三千越甲可吞吴，那是勾践卧薪尝胆十年的复仇火焰在胸膛上燃烧爆发；百二秦关终属楚，那是项羽破釜沉舟置之死地而后生所爆发的潜能；行者武松景阳冈上空手打死白额虎，也并非全是因为力大无穷，而是因为其内心的求生本能激发出了庞大的力量，并凝聚在了一双铁拳上；鲁提辖三拳打死镇关西，也并非单是因为郑屠夫的不堪一击，而是因为内心打抱不平的正义感促使其力量变得势不可当。

对于我们来说，潜能就是一种大无畏的潜在力量，它能照亮你的心灵，使你披荆斩棘，无往而不胜。

古往今来，贩夫走卒、达官贵人、帝王将相、庸碌之辈、能人异士……但凡凭那一份热血激发了内心潜藏的小火山的人，又何惧风雨飘摇，又何愁没有似锦的前程。谢阿姨、勾践、项羽、武松、鲁提辖……哪一个不是因为唤醒了内心潜藏的小火山，才改变了自己，改写了自己的人生？

有能力与有价值

你能整合别人，说明你有能力；你被别人整合，说明你有价值。这个年代，你既整合不了别人，也没人能整合你，那说明你离成功还有很长一段距离。有能力的人就是这种既有能力又有价值的人才。

在世界历史的长河中，每一个强盛的民族都是由真正能够代表这一民族的英雄人物所领导，不同历史时期的辉煌也是由代表这一时期的英雄人物所创造，这些英雄们就是“有能力的人”。

由秦孝公支持商鞅变法开始，支离破碎的秦国变成了强盛的秦国，与此同时造就出一批奋发图强的“有能力的人”，正是他们，跟随着嬴政东征，完成了古代中国统一的大业，造就了中国第一个“始皇帝”；汉代虽说只有五六千万人口，但汉武帝重用了卫青、霍去病，正是这一批有能力的人造就了大汉伟业；唐太宗李世民因为有李责力、魏徵、房玄龄等一大批有能力的人辅佐，铸就了唐朝盛世；朱元璋因为有徐达、汤和、刘伯温等有能力的人，创造了大明伟业。

无论历史如何发展，弱肉强食的生存法则永远不会改变。晚清国之所以不断沦丧，就在于列强以“有能力的人”对阵“积弱”的中国。所以，一个国家要想强盛，一个民族要想强盛，必须要有一群真正的“有能力的人”崛起。

古往今来，但凡既有能力办事又对团队有价值的人才，就是“有能力的人”。每个人都守着一扇“改变之门”，但这个门只有自己能打开。即使别人使用千百倍甚至上万倍的力量，想要将这个门打开，也不可能。但是，只要你愿意敞开心扉，抛却固有的思维，把良好的知识转化为行动和习惯，“门”的开关就掌握在你的手中。

自认是失败者的人，注定是失败者，这样的人会将自己的意志、他人的善意甚至好机会都弃之不顾。同理，那些自认是不公平的牺牲者的人，自认注定要受苦的人，他们的失败在于，他们会去寻找各种借口去证实其自我镜像。

自认是成功者的人却会想尽办法去成功，甚至将他人的恶意和面临的困境都充分利用，认为这是上天给他的历练，就像孟子所说：“故天将降大任于斯人也，必先苦其心志，劳其筋骨，饿其体肤，空乏其身，行拂乱其所为，所以动心忍性，曾益其所不能……”

“有能力的人”不是因为别人给予你“有能力”的评价，而是自己对自己的认同之后的选择。你认为自己是“有能力的人”，你就会选择成为“有能力的人”，走上一条“有能力的人”能走之路！

我在授课的时候常问学员这样一个问题：“这个世界上永远不变的是什么？”有人说是天空，有人说是四季，有人说是日夜……其中一个学员回答说：“变化。”他本来是开玩笑似的回答，结果他答对了。是的，这个世界永远不变的就是变化。

对于个人来说，变化的关键因素之一就是看其有没有反省的能力。也就是说，变化来自反省。汤之《盘铭》曰：“苟日新，日日新，又日新。”商汤这位伟大的王，在自己天天洗脸的盆上刻着这样几句话，意思是如果能够一天保持进步，就应该天天保持进步，日新月异。人们常说的精进就是这个道理，努力向善向上，其实就是每天进步一点点。曾子曰：“吾日三省吾身：为人谋而不忠乎，与朋友交而不信乎，传不习乎？”只有不断地反省，人才能不断地进步，进而达到“精进”的境界。

然而，在面对变化时，很多人不但不改变，还拒绝改变，他们以旧有的经验作为处世法则，故步自封，最后只能永远生活在过去的世界里，个人的成长和发展也都成为空谈。因为只有变化才会带来创新。

再大的公司，如果不反省不改变就会垮掉，人亦然。人如果不反省，就不会有改变。创新是最好的途径和出路。所谓“创”就是打破常规，所谓“新”就是在打破常规的基础上推陈出新，产生出具有现实意义的东西。人类每一次大进步，都是因为新创意（发明）的出现。

在现代社会，不打破常规，无所谓“创”，不推出新的具有现实意义的东西，也称不上“新”。商业创新更多的是指创造新产品，并实现其市场价值。我们可以用下面这个公式来表示：

创新＝新的创意＋市场价值（实践价值）

通过公式我们发现，创新需要两个核心内容：一是创意，二是市场价值（实践价值）。

乔布斯以简单化、人性化及审美三大创新原则，缔造了苹果公司的商业帝国。马克·扎克伯格作为一名年轻的首席执行官，被人誉为“保持创新的大男孩CEO”，他以独特的创新精神，创造了史无前例的社交网站脸书

（Facebook）。国内有“雷布斯”之称的雷军，创办小米公司仅两年时间，销售收入就突破100亿元；2014年小米的市值已经超过1 000亿元，其成功的基因仍是创新……他们无疑是商业领域有能力的人。像他们这样的“有能力的人”，在人类历史上可以说不胜枚举。

“有能力的人”，不是被改变，而是勇于去改变。“有能力的人”，有一颗拥抱变化的心，一腔勇于变化的激情，一步迈向天地的行动。若干年后，你再回首，你会发现，一切都已不同。就像罗伯特·弗罗斯特在《未曾选择的路》中所描述的，一个人因为选择了人迹较少的那一条路，而造成了日后所有的不同。

其实，用最为通俗易懂的话来说，就是跟着什么样的人，结交什么样的朋友，就会有什么样的结果。关键在于，我们在整合资源的过程中，重点在于学习他人成功的方法，即复制别人成功的脑袋，而不是关注他们在成功之后所取得的物质或精神上的财富。因为最终促成他们成功的，除了必要的客观条件之外，来自于主观的思维和基于思维之上的一整套体系的方法论，才是我们所需要关注的重点。

这就好比我们日常学习一样，同样的课程、同样的老师，学生在学完之后，却会产生各种各样的结果。而那些最后成功的人，他们要么是准确掌握了授课老师的思维和方法论，要么就是在此基础上结合自身实践创造出了一套更为行之有效的工具和方法论。

更为重要的是，在有能力和有价值之间，学习是最好的转化剂，当你没有能力的时候，可以通过学习，让自己具备能力，进而完成更多的工作或是解决更复杂的问题，提升自我价值。而实现自我价值提升之后，可以投入更多的资源用于学习，进一步提升自我价值……从而逐渐进入良性循环的状态。

在之前的学习中，就有企业家朋友分享了这样一个故事：当时有一家制衣厂，原本有11个员工，但因为厂长比较消极，带动着其他人也没有心思工作，其中就有三四个人经常要求加工资，说是不加工资就不工作。厂长因为担心他们走后招不到人，所以就私下里找到其他几个工作比较踏实而且也没有经常要求加工资的人。

然后，厂长提出将整个厂里的工作承包给他们的想法，他们也欣然同意。接下来，由于原本的11个人变成了6个人，虽然人数减少了，但是工作效率和产出却比以前提高了，为此，厂长又将离开的几位员工工资的一半，设置为这6个人的绩效奖金，根据他们实际的工作表现给予相应的奖励。

结果，最后实施下来，所有员工的积极性比以往任何时候都高，不仅主动、积极、负责，而且随着业务发展，也开始自主培养能接替他们岗位的人才。而对于公司来说，既节省了开支，又提高了员工收入，两全其美。

之所以能够提出这一办法，就是因为厂长在过去多年工作中发现，在企业管理上不能一味遵循既定的规则，有时候需要实时地调整管理和经营策略，才能不断推动企业发展。

因此，要想成为有能力的人，必须能屈能伸，随机应变，既能整合别人，独当一面，也能接受别人的整合而甘愿当别人的下手，配合别人做事。

一个人干不过一个团队

一个人干不过一个团队，一个团队干不过一个系统，一个系统干不过一个趋势。团队 + 系统 + 趋势 = 成功。一个人可以走得很快，但一群人会走得更远。

管理大师汪洋说："企业的成功靠团队，而不是靠个人。"想要使企业利益最大化，仅靠一个人的力量是不够的，要懂得利用团队的力量实现更大的目标。

俗话说："一只蚂蚁来搬米，搬来搬去搬不起；两只蚂蚁来搬米，身体晃来又晃去；三只蚂蚁来搬米，轻松抬着进洞里。"这就是团队的神奇力量，一个老板本事再大，也不可能超越团队的力量。郭台铭一个人可以签下公司 70% 的订单，但是如果没有背后上百万名员工的支持，也不会缔造今日的富士康。

所以，真正优秀的老板不是单打独斗的英雄好汉，而是懂得打造团队的领袖人物。优秀的老板并不一定是公司最出色的人，但他一定是最懂得带团队的人。他会将各种身怀绝技的员工聚集起来，把他们培养成优秀的人才，为公司赚取更多的利润。这就是一个公司业绩倍增的秘密。

为什么很多小公司老板抱怨自己很累，因为他们在公司中什么事情都做，不懂得放权，不懂得依靠团队的力量，所以总是感觉付出了很多时间与精力，却没有赚到很多钱。反观那些大公司的老板，他们也很忙，但他们不会瞎忙，而是忙着组建更大的团队，四处演讲，四处游说，推销自己的公司、自己的产品，扩大公司的影响力，结果业绩倍增。三流老板只会天天激励自己，让自己战死沙场；一流老板是激励别人，为自己所用。

小品演员很多，知名的也不少，但赚钱较多的却是赵本山。为什么？因为他组建了本山传媒集团，创办了刘老根大舞台，打造了一支非常优秀的团队，所以才能让自己的企业生生不息，实现业绩倍增。

从2015年到现在，色彩一秀能够这么迅速地发展，并成功走出国门，也与我们背后这一支优秀而卓越的团队密不可分。

图 3–12　色彩一秀管理团队会议

一个企业要打造一支优秀的团队，绝非易事。首先必须从组建核心团队开始，发展核心成员。但在创业之初，资金缺乏，这就对创业者提出了严峻的考验和挑战。

当年，史玉柱经历挫折之后，决定东山再起，二次创业，很长一段时间，他连工资都发不出。然而他身边却有一个“核心四人组”——史玉柱大学时期的“兄弟”陈国、费拥军、刘伟和程晨。无论遇到多么困难的局面，他们始终不离不弃，被称为“四个火枪手”。

马云创业的时候，初始资金只有50万元，还是由17名员工一起凑出来的。9年之后，这17个人没有一个离开阿里巴巴。这就是团队复制的力量，它将员工紧密地联系在一起，为了共同的目标而努力。

曾经有人问比尔·盖茨：“如果让你离开现在的公司，你还能创办第二个微软吗？”比尔·盖茨坚定地回答：“能。”但他接着补充了一句：“只要允许我带走100人……”

其实，这句话在我看来，包含了两层含义：第一，人才的重要性。比尔·盖茨可以重新缔造一个微软帝国，但是单凭他一个人的能力是无法实现的，所以必须带走一批有能力的人。第二，团队的重要性。没有谁可以凭借一己之力完成一项伟大的事业，即便你有足以改变世界的想法，也需要借助团队的力量来实现它。

一个成功的企业家，能够清醒地认识到团队的重要性，无论顺境还是逆境，总能够通过魅力使一群有能力的人聚集在一起，然后复制到更多更大的团队，让自己的事业迈向新的高度。

他们之所以能够使团队产生核变，是因为他们都具有独特的领袖特质，拥有一套打造团队系统的能力和方法：他们都是超级梦想家，敢于卖梦想、卖未来；他们都具有超凡的战略眼光，看到普通人看不到的事情；他们都是团队的精神领袖，具有超强个人魅力，懂得激励别人；他们都有强烈的社会责任感、使命感，以无我境界去成就他人。

有人曾问我："老师，为什么你们团队如此忠诚，如此乐于付出，到底怎么做到的？"其实，原因就在于我们是经过系统实战的。通过向成功的企业家学习，为企业主量身打造出一套团队复制系统，运用其中的"十一大生命法则"让团队自动、自发、忠诚、感恩、付出，具有超强的使命感。无数企业家学习了这套系统以后，团队战斗力倍增，业绩翻番。

深圳企业家潘婷经营橱柜公司，原来公司员工不感恩、不付出，这也是很多传统企业面临的困惑，员工希望少干活、多拿钱，最好是不干活就能拿钱，给多少钱干多少活，干不好就跳槽、离职。她带领团队学习完我们的课程以后，员工纷纷表态效忠到永远，团队凝聚力骤增。

其实，企业未来的竞争，归根到底都是人才的竞争。在色彩一秀的经营实践中，我们也一直提倡"先人后事"，就是在强调人才的价值。企业要发展、团队要发展，首先需要人才，需要真正能带动企业向前走的人才。

为此，我们会重点关注公司人才招聘，并设定极具诱惑力的人才招聘奖励体系。比如，公司积极提倡员工内推，在具体实施上，推荐一个基层员工奖励1 000元，推荐督导奖励3 000元……并且，这些奖励都不是一次性的，它会和被推荐的员工在公司未来的发展持续关联起来。比如说，小李推荐了他的好友小张成功应聘并入职导购一职，由于小张上手快，人也勤奋，两个月之后就被提升为督导，那么，小李除了得到之前的1 000元奖金以外，在小张晋升督导之后，还将得到2 000元的奖励，并且会随着小张职位提升持续下去。

这样，当员工在推荐身边的亲朋好友时，为了更长远的发展，他们也会自己先过滤一遍，确保进入到公司的人都是大家精挑细选的可用之人。公司也由此从一个人发展到一个团队，一步一步将人才基础扎牢，稳固下来。

一辈子只做一件事，一件事成就一辈子

对企业创始人来说，最难过的坎莫过于身处极度孤独、自我怀疑时，能相信的却只有自己。领袖要学会忍受孤独，享受孤独！如果人人都能理解你，那与普通人又有什么差别。

一个人能不能成为优秀的人，跟他出生在什么家庭没有关系，跟他的智商高不高没有关系，跟他所在的区域资源丰富不丰富没有关系。如果说一定跟什么有关系的话，只有一个——欲望。你愿不愿意富起来，敢不敢为了致富而付出代价。

我十分欣赏世界著名快时尚品牌优衣库创始人柳井正。1949年2月7日，柳井正先生出生于日本山口县宇部市中央町，现任日本迅销有限公司主席兼首席执行官。该公司创建于1963年，是日本休闲服饰领军企业。1984年，他子承父业，成为小郡商事的社长。那时候，日本社会奢华之风盛行，柳井正却将眼光对准了普通老百姓，决定主打廉价、日常服装的销售。同年6月2日，他在广岛开设了第一家优衣库专卖店，不过当时的名称是“Unique Clothing Warehouse”。

1991年，柳井正将小郡商事改名为“迅销”，并将它作为公司的宗旨，全力打造“时尚快餐”。

1998年“1900日元一件休闲服”的口号，使优衣库深入人心，在动辄上万日元一件的日本服装市场，优衣库刮起了一阵旋风，一年就卖出200万件。之后，柳井正将眼光放到海外，优衣库成长为一家跨国大企业。

优衣库相当于日本的飒拉（ZARA）和海恩斯莫里斯（H&M），据说日本每3个人中就有1个人有优衣库的摇粒绒外套。优衣库走的价格路线非常平实，在日本属于极为低廉的服装，却和多位大牌设计师合作了特别系列。

在柳井正的自我解读当中，最忙碌的日子，却是他日后成功的最大关键。他认为：“创业不需要有什么特别的资质。我认为几乎所有人都能创业，重要的是自己做做看。不论失败几次都不气馁地持续挑战，在这样的过程中，就能培养出一位经营者。”渐渐地，柳井正著名的“一胜九败”哲学开始成形：“重点在于尝试，错了也没关系，错九次，就有九次经验。”

所有大小事都亲力亲为，自己思考，自己行动，这正是做生意的基本原则。他看一个人的穿着，可以一眼看出他穿哪个尺寸的衣服，腰身大概多少。这种功力，就是他不断尝试、不断汲取经验的结果。

2003年，他出版了一本书《一胜九败》，意为做十次新的尝试，会有九次失败。在他的观察中，一些成功的经营者甚至尝试一百次只有一次成功，经营本身就是错误尝试的累积，失败是家常便饭。

他是我的偶像，因为我从他身上看到了“心有灵犀一点通”的地方，那就是一生只做一件事，把一件事做到极致就无悔这一生了。前面说过，我因为家境贫寒，穿不起新衣服，有了心理阴影，继而在心底埋下一颗种子，一颗信念的种子：那就是穿好衣服，不仅自己穿上好衣服，也让全国，甚至是全世界的人都穿上我生产的衣服。于是我16岁出来打工当学徒，因为条件艰苦，工资低，我们一村4人进工厂，不久都走了，只剩下我一人坚持下来，并坚持了两年，不仅赚到了人生中的一桶金，而且学到了制作服装的基本技能，因为我有梦想，并有把它变成现实的决心。

我1997年上半年开始学服装设计。我知道，要想实现人生愿望，必须熟悉相关知识技能，于是跟着一个朋友去秋水伊人做设计助理。我连续得奖，设计的款式一直是订单最多的。

我一直有当老板的梦想，想做事业，从秋水伊人出来后，凑钱30万元创业，以小作坊方式从零开始创业。先做加工，后来自产自销。做加工时招人不好招，有时做坏衣服还要赔。

图 3-13 色彩一秀年轻团队学习活动

2004年，其中有一单赔了不少钱。第二年，因为一次冬装订单，我赚了60多万元，加上别的业务，一年共赚了200万元。

2006年，公司员工扩张到三百多人。

2008年，注册“色彩一秀”品牌。

2015年，到江西老家，再次从零开始，做快时尚创业，当年做到300万元。一直到今天，事业一步步走向成功。一步步走来，对自己的梦想，我从未忘记，并坚定不移。我以前做服装，现在做服装，以后也会一直做服装，不打算做其他的事情了，这就是我一辈子要做到底的事。因此我下了一个决心，那就是：

一辈子只做一件事，一件事成就一辈子！

后 记

曾经，那些一直鼓励我前进的梦想，有的，已经实现；有的，还在实现的路上；有的，在时间的洗礼之下逐渐成长放大，带着我去往更高、更远的地方。

如今，我和色彩一秀的故事还在以我所期望的方式继续进行着，正在勾勒出属于我们的精彩轨迹。

未来，伴随着色彩一秀踏出国门，更多的挑战将纷至沓来，但我和色彩一秀团队的伙伴们始终坚信，一份源于对事业、对美本身的热爱，是无论如何也不会被浇灭的，相反，会越来越茁壮成长。像是清晨的第一缕阳光，像是辽阔原野之上的薪火，更像是积蓄已久的能量，用尽生命的力量去绘制一幅多彩的画卷。而画中，是我以及众多色彩一秀人的故事和精彩，通过这个快时尚行业佼佼者的崛起，我们也将迈入世界的舞台，将更多爱、美、价值带给全世界。

写这本书的时候，我不断地总结和反思过往的种种经历，一次又一次思考之后，猛然发现，正如那一句红遍微信朋友圈的话："在你的时区里，一切都非常准时。"

感谢曾经在成长、工作、创业中，那些一次次帮助我、鼓励我的人，是你们，给了我无穷无尽的力量和勇气；感谢那些在我生命中带给我挫折和困难的人，是你们，让我学会了坚毅、坚韧和坚强；感谢一直陪伴在我身边的人，是你们，给予我毫无保留的温暖和关爱，让我依然能以饱满的热情去面对生命中的一切；感谢自己，是我自己的坚持和乐观，让我在历经风雨之后，依然执着地在梦想的路上奋力前行。

任何一个企业家都希望自己的企业长青，任何一个操盘手都希望自己所操盘的项目能走向辉煌。成功的因素有很多，而专业专注则是必不可少的一项。

走在大街小巷，随处可见色彩一秀女装。这个屹立近二十年不倒的品牌，凭借其独特的经营创新模式在服装界异军突起，如今看来更像是一个奇迹。

品牌加盟，以专业著称

一个店铺要想在激烈的竞争中长足发展，没有良好的营销模式与品牌影响力是很难成功的。而借助品牌加盟的优势，可以轻松做到这一点。目前色彩一秀旗下拥有上百家加盟店铺，色彩一秀为加盟商提供精准的扶持政策，从前期的店铺选址到业务培训和后期管理，让加盟商完全没有后顾之忧。

对此，色彩一秀市场部负责人作了详尽的解释："我们要不断地加强品牌的完善性，打造独一无二的女装品牌，让时尚、舒适的理念深入到生活的各个角落。我们要让消费者体会到我们的专业与用心，在细节与服务上更要下足功夫。对于加盟商，我们会针对店铺的特色，认真分析，提供经营阶段的训练，开办主题式的教育讲座，协助加盟店长了解最新的女装信息。对加盟店铺进行官方授权，让他们的产品可以第一时间出现在公司的网站上。不断深化与加盟店铺的合作关系，让色彩一秀成为促进加盟商良好交流的一个平台。消费者登录我们的官方网站或者旗舰店，会看到我们最新的设计款式。我们还入驻天猫商城等一站式选购平台，尽量满足消费者的要求。与此同时，色彩一秀品牌店还提供专业的管理咨询辅导，方便合作者了解经营技巧，降低开店的风险。我们将这些想法传达给合作者之后，立刻就得到了各地加盟商的支持。

色彩一秀和加盟商，以劲爆的方式最大限度地为消费者打造最完美的消费盛宴。色彩一秀作为世界领先的女装运营商，除了在既有的商圈进行深耕细作之外，还不断地向国内外进行延伸，加强官方授权模式，开启合作经营策略，鼓励合作经营者扩大合作的规模，获取更高的利润，以推动整个女装品牌的飞速发展。

色彩一秀如此大动作地进行品牌授权开展活动，最终目的无非是要加强色彩一秀这一服装品牌的知名度，提高其活动的含金量。

色彩一秀在具备如此强大的销售能力的同时，还创办了宣传网站，提供强劲的宣传平台。强大的媒体资源为合作商提供最佳的产品文化传播和企业导购服务，这一优势与官方授权模式结合之后，形成独具特色的营销模式。

高效专业营销团队铸造坚实品牌

很多去过色彩一秀门店的消费者都会对焕然一新的女装系列留下深刻印象。由于店内导购员具备较高的素养，客户试穿满意率极高，这跟色彩一秀优秀的团队与企业文化有着密不可分的关系。

色彩一秀对外着重宣传“向世界传递美丽与尊贵”的企业理念，人们试穿时能够感受色彩一秀服装带给她们的自信、舒适与尊贵！而良好的企业文化氛围，更能将整个色彩一秀团队凝聚在一起。

很多服装门店常常抱怨自己留不住人才。其实，人才的流失从根本上反映出企业管理的失衡，也就是企业文化的失衡。针对如何留住人才，色彩一秀在此为广大企业支招：

第一，加强团队的凝聚力。

对企业来说，加强团队凝聚力极其重要，它让员工有归属感。对于色彩一秀来说，企业的管理者常常与一线工作人员一起讨论企业的发展，让企业的利益与员工的利益紧密结合。作为企业管理者，要把店铺的发展目标写入企业文化中，让员工融入到集体文化当中，具备强烈的责任感与归属感，这样员工才不会轻易跳槽。当团队出现问题时，在共同目标的凝聚作用下，所有色彩一秀员工竭尽智慧，想办法分析问题、解决问题，与团队荣辱与共，共同进退。

第二，培养员工具备高效的执行能力。

企业要想取得成功，高效的执行能力是必不可少的。这就要求每位员工要明确自己的职责，了解工作的内容，清楚地知道成功与失败带给团队的正面与负面影响分别是什么。色彩一秀员工在入职前，人事经理会清楚地把职责与工作内容告诉应聘者，员工入职当天发放的工作手册中写明了具体的工作内容。员工了解了自己的职责后，工作起来往往思路清晰。高效的执行力是企业在市场激烈竞争中制胜的筹码。

第三，建立公平的竞争机制。

对于企业来说，良好的公平竞争机制，可以调动员工工作的积极性。没有竞争机制的企业，犹如一潭死水，员工们只能机械地完成任务，久而久之会造成企业效率低下；不公平的竞争机制，会使得员工逃避工作，要心机寻找升迁的门路，久而久之会摧毁企业的制度，所以建立公平的竞争机制尤其重要。色彩一秀在这方面做得很好，人人都可以通过努力升迁加薪。公平的竞争机制让每个人力争上游，极大地提高了他们工作的热情与积极性，使更多德才兼备的优秀人才脱颖而出。

随着色彩一秀的不断发展，其良好的品牌经营理念已经深入人心。伴随着中国女装逐步走向成熟化、规范化与品牌化，色彩一秀的发展焦点也在慢慢进行转变。从原来的加强产品经营到现在的官方授权等，色彩一秀不断地凭借自己独特的优势，联合旗下的加盟店铺，朝着品牌服装的方向继续扬帆起航。

附录：色彩一秀颜色所代表的意义

红色：代表热情、奔放、喜悦、庆典，可以快速吸引异性；

黑色：代表稳重、庄重、内敛、含蓄；

黄色：代表高贵、富有，快速提升能量。喜欢黄色的人，较聪明，分析能力强；

白色：代表纯洁，天使的颜色，女神的颜色；

蓝色：代表天空，清爽；

绿色：代表财富，可以吸财；

紫色：代表神秘、智慧、浪漫、爱情；

棕色：代表土地，大方、稳重；

橙色：代表上进、社交能力强。

读书笔记

读书笔记

读书笔记